AF330672

DÉPART DE LOUIS-PHILIPPE

AU 24 FÉVRIER.

IMPRIMERIE H. SIMON DAUTREVILLE ET Ce,
RUE NEUVE-DES-BONS-ENFANTS, 3.

EXTRAIT DE LA REVUE BRITANNIQUE.

RÉVOLUTION DE FÉVRIER 1848.

revue critique

DE QUELQUES-UNS DES OUVRAGES PUBLIÉS RÉCEMMENT SUR L'HISTOIRE DE CETTE ÉPOQUE.

DÉPART DE LOUIS-PHILIPPE

AU 24 FÉVRIER.

RELATION AUTHENTIQUE

DE CE QUI EST ARRIVÉ AU ROI ET A SA FAMILLE

DEPUIS LEUR DÉPART DES TUILERIES

JUSQU'A LEUR DÉBARQUEMENT EN ANGLETERRE.

PARIS.

AU BUREAU DE LA REVUE BRITANNIQUE,

RUE DROUOT, Nº 1.

1850

RÉVOLUTION DE 1848.

DÉPART DE LOUIS-PHILIPPE

AU 24 FÉVRIER.

Le lecteur aura bientôt compris pourquoi l'article que nous allons reproduire textuellement et *in extenso*, a toute l'importance d'un document historique.

Les journaux de Londres et notre correspondance particulière nous ont confirmé simultanément l'authenticité des détails qu'on y trouve révélés pour la première fois. Nous pouvons sans indiscrétion dire ici que l'auteur anglais est M. Croker, ex-secrétaire de l'Amirauté, un des rédacteurs les plus anciens de la grande Revue des Tories la QUARTERLY REVIEW, Tory exalté lui-même, et se déclarant *légitimiste* (ce qui n'est pas être hostile à la dynastie régnante, depuis qu'il n'y a plus de prétendants en Angleterre).

Avec ses opinions bien connues, M. Croker avait plus d'une fois, de son propre aveu, jugé sévèrement les actes de Louis-Philippe pendant les dix-sept ans de son règne ; mais, habitant une campagne dans le voisinage du château de Claremont, il a rencontré Louis-Philippe, lui a été présenté, et, en l'écoutant, il n'a pas tardé, comme il l'avoue, à modifier son opinion sur le caractère et la politique du monarque exilé..... S'étant chargé de rendre compte, dans la *Quarterly Review*, des ouvrages qui forment le texte de son article, M. Croker avait prié le roi et les personnes de sa famille de lui fournir quelques notes. Louis-Philippe lui a communiqué son propre journal. C'est cette communication qui prête une authenticité historique aux détails du départ du roi, formant la seconde partie de cet article, la première appartenant plutôt à la polémique.

Notre intention avait été d'abord d'élaguer du récit même de M. Croker tout ce qui répugne à nos propres habitudes de critique ; mais, en altérant la pensée et les expressions de l'auteur anglais, nous contractions avec lui une solidarité qu'il ne nous convient d'accepter directement ni indirectement.

Tout en regrettant ce qui pourra blesser ici quelques personnes et quelques opinions, par une condamnation souvent trop collective, nous restons fidèles à l'impartialité du recueil dont la direction nous est confiée, fidèles à nos propres jugements sur les hommes et les choses, toujours prêts, par conséquent, à accorder à tous le bénéfice de notre publicité périodique. Nous réfutons d'ailleurs ainsi l'assertion de M. Croker, qui croit la liberté de la presse bâillonnée par la République.

M. Croker traduit généralement en anglais les extraits des ouvrages français qu'il cite, soit pour les réfuter, soit pour fortifier par ce témoignage ses renseignements particuliers. C'était un devoir de rétablir le texte de ces citations, sans égard pour quelques légères inexactitudes verbales de la traduction anglaise, inexactitudes qu'il faut croire involontaires. Nous espérons que notre propre traduction, œuvre de deux plumes, mais revue et coordonnée par une, sera reconnue aussi exacte que possible par M. Croker lui-même. Nous avons quelque droit de le dire lorsque nous avons dû quelquefois non-seulement sacrifier l'élégance à la fidélité, mais encore nous faire violence pour ne pas affaiblir certaines invectives qui répugnaient à notre style et surtout à nos affections sincères pour un de ces noms glorieux, puissants hier, impopulaires aujourd'hui, que nous n'avons pas flagornés *hier,* que nous n'insulterions pas *aujourd'hui.*

A. P.

DÉPART DE LOUIS-PHILIPPE

AU 24 FÉVRIER.

§ 1er.

LES HISTORIENS ET LES MÉMORIOGRAPHES DE LA RÉVOLUTION DE FÉVRIER.

I. — Pourquoi la Révolution d'Angleterre a-t-elle réussi? **Discours sur l'Histoire d'Angleterre**, par M. Guizot. Paris, 1850.

II. — **Histoire de la Révolution de 1848**, par M. Alphonse de Lamartine, 2 volumes. Paris, 1849.

III. — **Pages d'Histoire de la Révolution de Février 1848**, par Louis Blanc. Bruxelles, 1850.

IV. — **Mémoires du citoyen Caussidière**, ex-préfet de police et représentant du peuple. 2 volumes. Paris et Londres, 1848.

V. — **Les Conspirateurs**, par Adolphe Chenu, ex-capitaine des gardes du citoyen Caussidière. Paris, 1850.

VI. — **La naissance de la République en Février 1848**, par Lucien de La Hodde. Paris, 1850.

VII. — **A Review of the French Revolution of 1848**, from the 24th of february to the election of the first President, by capt. Chamier, R. N., 2 vol. London, 1849.

Il peut sembler étrange, au premier coup d'œil, que nous introduisions dans un même examen critique, les graves, éloquentes et nobles considérations de M. Guizot sur l'histoire d'Angleterre, et les productions de la dernière Révolution française; mais, par le fait, il existe entre ces ouvrages, d'un caractère si opposé, un rapport réel et nullement obscur.

L'ouvrage de M. Guizot a pour mérite propre et éminent, une appréciation faite de main de maître, de la grande Rébellion de 1642, de la Restauration de 1660, et de la Révolution de 1688. Ces sujets y sont traités avec un style admirable pour tous et dans un esprit qui sera assez généralement approuvé. —

Cependant M. Guizot a eu évidemment l'arrière-pensée, si même ce ne fut pas son premier motif,—de contribuer à l'instruction de ses concitoyens ; son thême : *Pourquoi la Révolution d'Angleterre a-t-elle réussi?* n'est qu'un exposé par contraste de celui-ci : *Pourquoi la Révolution de France a-t-elle échoué?* C'est aussi une leçon significative sur ce qu'il faudrait faire pour qu'elle réussît définitivement :

« La France est entrée il y a soixante ans, et l'Europe se
» précipitait hier, dans les voies (de révolution) que l'Angle-
» terre a ouvertes. Je voudrais dire quelles causes ont donné,
» en Angleterre, à la Monarchie, et, dans l'Amérique anglaise,
» à la République, le solide succès que la France et l'Europe pour-
» suivent jusqu'ici vainement, à travers ces mystérieuses épreu-
» ves des révolutions, qui, bien ou mal subies, grandissent ou
» égarent, pour des siècles, les nations. . . . .
» Deux siècles se sont écoulés depuis que la République d'An-
» gleterre a fait tomber la tête du roi Charles Ier, pour tomber
» presque aussitôt elle-même sur le sol arrosé de ce sang. La
» République a naguère redonné au monde le même spectacle.
» Et l'on entend dire que ces grands crimes ont été des actes
» de grande politique, commandés par la nécessité de fonder
» les Républiques qui leur ont à peine survécu quelques jours. »

(GUIZOT. *Discours sur l'hist.*, p. 1 et 31.)

La Révolution d'Angleterre a réussi parce qu'elle fut faite par les classes intelligentes de la société, sous l'empire d'une nécessité pressante, n'allant pas plus loin que l'acte d'écarter un danger spécial et en déviant le moins possible du système existant,— ou, pour employer une formule plus brève : la Révolution d'Angleterre a réussi, parce qu'elle fut le moins qu'elle put une révolution. La Révolution de France a échoué dans ses diverses phases, parce qu'elle fut aveugle, insensée et destructive,—faite par les têtes les plus extravagantes, les cœurs les plus dépravés et les mains les plus sales que put fournir le pays dans son état d'ivresse, — sans autre principe que celui de bouleverser ou de mettre de côté, autant que possible, tout ce qui existait. Assurément rien ne pouvait venir plus à propos pour mettre en lumière les vues générales de M. Guizot, que la publication de ces mémoires révolutionnaires —qui sont, en quelque sorte, les pièces justificatives de ses conclusions didactiques. C'est comme si nous avions la féconde précision de Tacite, éclairée par les confessions de Vinius et de Lacon, par les déclarations mutuelles de Crespus et de Faustus. Si nous devions considérer l'ouvrage de M. Guizot abstractivement et comme un simple esssai historique, nous aurions à émettre quelques doutes et à faire quelques réserves, tout en approuvant d'une manière générale son exposition des faits et ses opinions. Par exemple, nous aurions insisté sur une considération importante à laquelle (chose étrange) M. Guizot ne fait pas allusion : c'est qu'à l'époque où la Révolution d'Angleterre établit d'une manière permanente le principe de la représentation populaire, commençait, presque simultanément, le système de contre-poids par lequel la Chambre des communes elle-même, subit indirectement l'influence de l'aristocratie et de la couronne. Gatton, Old-Sarum et les autres bourgs-pourris servirent à maintenir la balance de la constitution contre ce qui serait autrement devenu un pouvoir unique, absorbant et irrésistible. Le bill de réforme, en 1832, a dérangé et presque détruit cette influence modératrice : cette influence, cependant, était, elle est encore si vitalement nécessaire à la coordination de la monarchie avec la représentation populaire, que la monarchie n'existe plus aujourd'hui que par ce qu'il en reste. Nous confessons donc que M. Guizot entretient une idée beaucoup trop flatteuse, selon nous, de la stabilité de notre système constitutionnel. Reconnaissant avec gratitude que la Révolution de 1688 fut suivie de plus d'un siècle d'ordre, de liberté et de prospérité, — nous avons les plus vives craintes que les tendances démocratiques de toutes nos mesures récentes, ne préparent un ecertaine transition à un différent ordre de choses, transition qui, sans être lente, ne sera pas violente, nous l'espérons. Nous avons bien peur que M. Guizot soit le dernier à nous féliciter de la sage stabilité de nos institutions politiques et religieuses.

La première chose qui nous frappe dans les Mémoires de ces héros de la Révolution de Février, c'est qu'ils nous prouvent jusqu'à quel point ils ont tous été, eux et leurs collègues, de pauvres créatures. Quelques-uns, nous le savons, ont individuellement du talent. L'un est un poète, un autre un astro-

nome, celui-ci un habile avocat, celui-là un piquant journaliste,
et ainsi de suite. Mais, pour remplir les fonctions auxquelles les
élevait le 24 Février, ils étaient tous ridiculement ou plutôt dé-
plorablement incapables. La France les a jugés. Ils avaient com-
mencé par ne trop savoir ce qu'ils faisaient, et ils ne surent pas
mieux comment faire pour continuer. Terribles à tout le monde,
ils furent surtout terribles l'un à l'autre, et aujourd'hui qu'ils
sont tombés dans un mépris général, chacun d'eux est prêt à
déclarer qu'ils le méritent tous excepté lui seul. Le sentimental
Robespierre; Marat, *l'ami du peuple*; Danton, l'audacieux;
Chaumette, le brutal, avaient une sorte de foi maniaque en
leur vocation révolutionnaire; — ils étaient sincères; — ils
étaient enthousiastes, et ils atteignirent le sublime du crime et
de la terreur. Leurs pâles ombres de la dernière Révolution,
— les Lamartine, les Louis Blanc, les Ledru-Rollin et les
Caussidière, — n'ont ni la sincérité, ni l'énergie, ni la férocité
des vieux jacobins. Ni leurs cœurs n'ont été assez mauvais, ni
leurs têtes assez fortes pour rivaliser avec leurs anciens maîtres;
— ils *n'ont pu atteindre qu'à la bordure de leur gilet*, et, par
le fait, nous n'avons eu, en eux, que les auteurs par accident
et les très mauvais acteurs d'une espèce de parodie de la grande
tragédie, qui rappelle le *Tom-Thumb* de Fielding (1); mais
leur farce a eu d'épouvantables conséquences. Dans leur témé-
rité, leur inexpérience et leur incapacité, ces charlatans ont mis
le feu au théâtre, et, quoiqu'ils se soient échappés la vie sauve,
ils ont fait périr dans la conflagration des hommes valant mieux
qu'eux et des millions de la fortune publique et privée... Ce
qu'il y a de pire, c'est que, quoiqu'ils soient *éteints, le feu ne l'est
pas.*

L'autre trait saillant de ces Mémoires, est que trois acteurs
éminents de la Révolution, Lamartine, Louis Blanc et Caussidière, aient ajouté si peu à son histoire réelle et tant à son histoire fabuleuse. Ce qui est neuf dans leurs volumes n'est pas

---

(1) NOTE DU DIRECTEUR DE A REVUE BRITANNIQUE. M. Croker fait ici allusion à la pièce burlesque de Fielding, intitulée : la *Tragédie des tragédies ou la
vie et la mort de Tom-Thumb* (Petit-Poucet) *le grand*. Cette pièce, jouée en
1730, était, en effet, la parodie de toutes les tragédies. Dans les notes et la préface,
Fielding faisait aussi la satire des critiques.

vrai, — ce qui est vrai n'est pas neuf. Il est évident qu'ils écrivent bien moins pour dévoiler les vraies causes de l'affaire que pour les cacher. Leurs ouvrages portent d'ailleurs l'empreinte du caractère individuel des auteurs. Celui de Lamartine est *eau sucrée*, celui de Louis Blanc est *aigre-doux*, tandis que celui de Caussidière a une forte saveur *d'eau-de-vie*; mais, quelle que soit la différence de leur style, ils sont tous dominés par un trait commun, l'extravagance... nous avons presque dit l'impudence de la vanité personnelle, qui n'a pu être satisfaite par une élévation miraculeuse, ni corrigée par une déconfiture abjecte et ridicule. Ils sont tous les trois aussi étonnés de leur chute, que le reste du monde le fut de les voir montés sur le pavois. Ce que dit Pascal de l'aversion générale pour la vérité, leur est particulièrement applicable : « Il y a, dit Pascal, différents degrés *dans cette aversion pour la vérité*; mais on peut dire qu'elle est dans tous, parce qu'elle est inséparable de leur *amour-propre*. » Nous n'aurons pas l'absurdité de nous plaindre de l'*égotisme* ou de l'abus du *moi* dans des Mémoires, surtout dans des Mémoires apologétiques. C'est là leur essence. En ouvrant ces volumes, nous avions prévu que ces Messieurs allaient parler chacun de *soi* amplement et favorablement; mais nous n'étions pas préparés à cette absence si complète de faits nouveaux, à un tel déluge d'amour-propre bavard, à une profusion si aveugle et si déréglée de la glorification de soi-même. Nous disons *aveugle*, parce qu'en effet, tout homme de sens doit voir où aboutit ce contentement personnel : ce qui est vrai de Lamartine et de Caussidière l'est plus encore de Louis Blanc : plus ils prétendent avoir fait des efforts merveilleux et surhumains pour préserver la société du pillage et du massacre, plus ils assument la lourde responsabilité d'avoir évoqué et déchaîné les instruments du massacre et du pillage. C'est comme si des matelots révoltés, ayant mis le feu au navire, se faisaient un mérite d'avoir travaillé à éteindre les flammes lorsqu'elles menaçaient de les détruire avec le reste de l'équipage. Nous leur accordons volontiers le mérite d'avoir cherché à se maintenir dans leurs hautes dignités, tantôt par des harangues et des scènes dramatiques, plus souvent par la déception et l'intrigue; mais au-delà de ce motif, dans lequel le *moi* eut une si large part, — puisque leur pouvoir et *leurs propres vies* dépendaient du rétablissement d'une espèce d'ordre public, — nous avouons que nous ne trouvons rien dans leur conduite, dont un homme de sens et de courage doive s'énorgueillir. Et cela nous le disons, en supposant incontestablement vraie, l'histoire qu'ils veulent bien nous raconter; mais, au contraire, nous avons dans leurs propres aveux et les confessions de leurs complices, la preuve abondante que plusieurs, et nous pourrions dire la plupart des choses qu'ils énoncent, sont essentiellement fausses. Ce serait dépasser les limites de notre article que de donner la dixième partie des inconséquences, des contradictions, des impossibilités qu'on pourrait relever dans leurs volumes. Nous nous contenterons d'un ou de deux échantillons qui se trouvent dès les premières pages de leurs diverses productions.

Nous aurons bientôt à noter plusieurs des inexactitudes de M. de Lamartine; mais nous devons laisser parler M. Louis Blanc, son collègue, le premier. Il commence son récit par le *berceau de la République*, le véritable berceau, comme il l'appelle en faisant une allusion ironique à la *véracité* de M. de Lamartine :

« Je n'ai point qualité pour contredire le récit présenté par
» M. de Lamartine, de ce qui se passa, le 24 Février, au Palais-
» Bourbon : je n'y étais pas; mais ce que je suis en droit d'af-
» firmer, et ce qu'attesteront tous les combattants de Février,
» c'est qu'en plaçant au Palais-Bourbon le véritable berceau du
» gouvernement provisoire et de la République, M. de Lamartine
» *a commis une inconcevable erreur.* » (*Pages d'histoire de la Révolution de Février,* par LOUIS BLANC; Paris, 1850, page 12.)

Et il le prouve. Quelques pages plus loin, il ajoute :

« M. de Lamartine nous transporte dans *le monde de ses il-*
» *lusions,* et au lieu d'écrire l'histoire, *sans le vouloir et sans le*
» *savoir,* il la supprime. » (Page 19.)

Et puis, dans un sens plus général :

« Rien de plus inexact que cette couleur donnée aux choses,
» et il est à regretter que M. de Lamartine n'ait pas ouvert le
» *Moniteur* pour contrôler ses souvenirs. » (Page 22.)

Puis encore, page 45 :

« ... Il faut bien le dire, M. de Lamartine a écrit le journal
» de ses souvenirs sous l'empire de cette *imagination créatrice*
» qui, de très bonne foi, *peuple l'histoire de fantômes.* »

Tel est le degré de confiance en M. de Lamartine qu'exprime,
dans les termes les moins offensants qu'il peut trouver, ce sub-
til et fin observateur Louis Blanc.

Donnons maintenant un échantillon de la manière dont
M. Louis Blanc lui-même écrit l'histoire. Nous prendrons le
premier détail important que nous rencontrons dans son volume, — *son* récit rival de *la naissance de la République.* Nous
avons raconté nous-même cet évènement en mars 1848 ;
M. Louis Blanc n'a rien ajouté de substantiel aux témoignages
généraux que nous pûmes recueillir alors ; mais cela amusera nos
lecteurs de voir avec quelle *naïveté* l'auteur avoue une si basse et
illégitime origine pour sa révolution, en même temps avec quelle
vanité et quelle pompe de langage il brode si richement les
faits, qu'on a peine à la reconnaître alors même qu'ils ne sont
pas totalement altérés. Tout ce que nous connaissions, en 1848,
de l'histoire personnelle de M. Louis Blanc, c'est qu'il était un
journaliste attaché à *la Réforme* et qu'il avait publié son *Histoire de Dix ans* et son *Organisation du Travail.* Une plume
amie nous a depuis appris, dans l'article que lui a consacré la
Biographie de l'Assemblée nationale, qu'il naquit en 1813 ; qu'à
l'âge de dix-sept ans, il arriva à Paris pauvre et cherchant fortune ; qu'il devint d'abord petit clerc d'un procureur, puis
maître d'études dans une école, précepteur dans une famille,
et finalement journaliste. Il va nous dire lui-même comment il
devint un des dictateurs de la France.

Après avoir signalé la forte nuance qui distinguait *le National*
de *la Réforme,* — *le National* prenant parti avec la gauche dy-
nastique, c'est-à-dire avec Odilon Barrot et compagnie, — *la
Réforme* adoptant la République extrême ou *démoc-soc* de Louis
Blanc (1), il nous dit que ces nuances avaient fait naître des

---

(1) NOTE DE L'AUTEUR ANGLAIS La Révolution, qui n'a économisé rien autre,
est devenue très sobre de syllabes. *Un aristo* et *un réac* sont ce que les anciens
jacobins appelaient des aristocrates et des réactionnaires, tandis que les partisans

dissentiments et des antipathies entre les deux journaux ; mais, le matin du 24 février, ils oublièrent leurs différends en présence de l'ennemi commun, et de très bon matin (l'heure précise n'est pas indiquée), « *bien avant* » les scènes de la chambre, « Martin (de Strasbourg), un des républicains spécialement attachés à la politique du *National*, vint à *la Réforme* pour s'entendre avec nous en vue du Gouvernement provisoire à former, » les deux cliques prévoyant également son avènement. Nous allons citer les propres termes de M. Louis Blanc, pour faire voir comment s'acheva la naissance de la République, sortie tout armée du cerveau de ces Jupiters-Scapins :

« Martin ne doutait pas qu'il ne fît accepter par *le National* la
» liste dont nous serions convenus. Notre délibération s'ouvrit ;
» elle était solennelle ; elle fut calme, courte et décisive. Le nom
» de M. Odilon-Barrot, prononcé par une voix (probablement
» par le plénipotentiaire Martin), fut écarté avec un mélange de
» colère sourde et de mépris. Les noms acceptés furent ceux-ci :
» — Dupont (de l'Eure), François Arago, Ledru-Rollin, Flo-
» con, Marie, Armand Marrast, Crémieux, Garnier-Pagès, de
» Lamartine, Louis Blanc. — Cette liste fut arrêtée bien avant
» qu'il eût été question d'en dresser une au Palais-Bourbon, et
» celle qui en sortit plus tard se trouva conforme à la nôtre,
» *à part les noms qui n'étaient pas parlementaires.* On fit deux
» copies de la liste, et Martin (de Strasbourg) en porta une
» au *National*. Je pris l'autre pour la lire au peuple qui, dans
» dans ce moment même, revenait des Tuileries et affluait de
» toutes parts vers *la Réforme.* » (Page 18.)

Les bureaux de *la Réforme* étaient dans une partie de l'ancien hôtel Bullion, dans la rue animée, étroite et sale, appelée originairement rue Plâtrière, honorée depuis du nom de Jean-Jacques Rousseau qui y avait habité, mais désormais plus honorablement ennoblie comme ayant été l'auguste théâtre sur lequel Martin et Louis Blanc créèrent la République et élurent le Gouvernement provisoire. Dans une nouvelle nomenclature des rues de Paris, la rue qui a été le *berceau du gouvernement plâtré,*

de la République *démocratique et sociale* ont abrégé leur dénomination pour être des *démocs-socs.*

pourrait bien, selon nous, recouvrer son nom primitif. M. Louis Blanc continue :

« Terrible et *imposant* spectacle ! La grande cour de l'hôtel
» Bullion était occupée par des phalanges d'hommes ardents,
» agitant dans leurs mains leurs fusils victorieux, montrant sur
» leurs blouses des baudriers semés de gouttes de sang et por-
» tant dans leurs yeux l'éclair du triomphe. Je lus la liste que la
» foule accepta au milieu des acclamations ; mais un nom y
» manquait : Albert ! Albert ! crièrent avec passion des multi-
» tudes de voix. La plupart d'entre nous *ne connaissaient pas*
» *Albert ; quant à moi, je ne l'avais jamais vu*. Mais quels titres
» avions-nous qui pussent valoir ceux de cet élu des faubourgs,
» dont le nom, subitement historique, venait de se trouver sur
» tant de lèvres et s'échappait de tant de cœurs ? L'émotion
» qui me saisit alors est une des plus fortes que j'aie éprouvées
» de ma vie. Albert était un pauvre ouvrier mécanicien ; il n'a-
» vait jamais figuré au milieu des notabilités démocratiques ;
» perdu dans la multitude des combattants et des dévoués, il
» n'avait jamais demandé à la République que l'honneur de
» mourir pour elle de la mort saintement obscure du soldat. En
» cet instant, où était-il ? A quelque barricade, sans doute....
» N'y avait-il pas dans ce fait seul l'avènement d'un monde tout
» nouveau ? C'était l'idée du travail réclamant sa place dans le
» gouvernement des choses humaines ; c'était la souveraineté
» du peuple demandant à être représentée par un homme du
» peuple ; c'était le pouvoir changeant contre une blouse d'ou-
» vrier le manteau dont les rois avaient déshonoré la pourpre.
» Oui, j'en prends le ciel à témoin, ce fut avec une invincible
» émotion, ce fut les yeux humides que j'inscrivis sur la liste
» des futurs dictateurs : *Albert, ouvrier*. » (Page 39.)

Nos lecteurs jugeront par eux-mêmes le goût et l'éloquence de M. Louis Blanc ; mais nous sommes fâchés d'être obligés de dire, d'après la déposition de plusieurs témoins, que M. Louis Blanc paraît être exposé aux mêmes *illusions* et à la même habitude de *peupler l'histoire de fantômes*, qu'il reproche si justement à son poétique collègue M. de Lamartine.

Le nom du célèbre *ouvrier* n'était pas plus *Albert* qu'il n'était Victoria. Il a été démontré subséquemment, par son interrogatoire à Bourges, qu'il s'appelait Martin, nom échangé pour l'aristocratique pseudonyme d'*Albert*. M. Louis Blanc dit que la plupart de ceux qui s'assemblaient à *la Réforme* ne connaissaient pas Albert. — D'autres témoins déposent et les faits admis semblent confirmer qu'Albert était le plus connu et le plus influent de toute la bande. Louis Blanc répète que, *quant à lui*, il n'avait jamais vu Albert jusqu'au moment où il le rencontra, quelques heures après cette élection populaire, dans la chambre du conseil de gouvernement provisoire. Tout cela est très étrange, car Albert semble avoir été un anneau important de la chaîne qui liait les sociétés secrètes républicaines et le comité de *la Réforme* auquel ils appartenaient tous les deux. S'ils ne s'étaient jamais rencontrés jusqu'à ce jour, il devait y avoir quelque motif extraordinaire pour une pareille réserve, et nous verrons bientôt qu'il y avait bien des raisons pour s'imposer des précautions réciproques entre membres du même parti ; mais il ne saurait certainement être vrai (s'il faut croire d'autres témoins) que Louis Blanc pût supposer qu'au moment de son élection, Albert combattît *sur quelque barricade* ; car, dans les deux listes que nous avons des personnes rassemblées dans le local de *la Réforme*, où l'élection eut lieu, nous trouvons les deux noms de *Louis Blanc* et d'*Albert*. Nous ne nous chargeons pas de concilier ces contradictions ; mais il y a là assurément ce que M. Louis Blanc appelle franchement un mensonge (p. 57), soit d'un côté, soit d'un autre.

La scène de la naissance de la République, décrite avec tant d'enthousiasme comme *terrible* et *imposante*, est *imposante*, nous l'admettons, mais elle ne fut terrible que par ses conséquences. Les bureaux de la *Réforme* sont dans une vieille maison qui n'est pas très considérable, maison très vulgaire, et située, avons-nous dit, dans une rue étroite, sombre et boueuse. La *grande cour*, dans laquelle des *milliers* d'hommes, représentant le peuple français, décrétèrent la République et élurent un gouvernement provisoire, est une petite cour où l'on nous assure que pouvaient s'entasser tout au plus trois cents personnes pour y voir le citoyen Louis Blanc ou le citoyen Polichinelle. Eh bien ! il semblerait que la farce fut jouée devant un auditoire beaucoup plus choisi. Deux autres témoins oculaires et collè-

gues de Louis Blanc dans ce congrès, — Chenu et de La Hodde,
— déclarent que le choix du Gouvernement provisoire se fit dans
une *pièce* à gauche, et que, la liste des membres adoptée, un
sieur Beaune, présidant le conciliabule, proposa, après coup,
d'y ajouter le nom d'Albert *qui était présent* : « M. Louis Blanc,
» ni ne proclama Albert, *ni ne souffla mot à la proclamation du*
» *nom de l'ouvrier ;* » — et, — quant aux larmes qu'il répandit,
— αγαθοι πολυδακρυτοι ανδρες, dit le proverbe grec, — cela peut être
vrai, mais personne ne le vit.

Les *Mémoires* de M. Caussidière ont un tel air de hardiesse
et d'insouciance, ils contiennent de si étranges aveux sur ses
procédés sans façon, soit pour s'emparer de la place importante
de préfet de police, soit pour l'administrer, que la première impression vous dispose à croire à sa sincérité ; mais il se trouve
qu'il n'a guère plus de droit que les autres auteurs déjà men-
tionnés, à cette qualité. Un critique de Paris, M. Eugène Pelle-
tan, dans un article sur les deux volumes de Caussidière, a dit
de lui avec énergie, *il conspire contre la vérité.* C'est juste. La
hardiesse de ses accusations contre d'autres et la franchise de
quelques-uns de ses aveux par rapport à lui-même, ne seraient
qu'un adroit moyen d'atténuer des actes trop notoires pour être
dissimulés, trop coupables pour être défendus. De là une controverse avec quelques-uns de ses anciens complices, qui a provoqué les révélations de Chenu et de de La Hodde. Ces révélations,
sans surprendre ceux qui connaissaient personnellement Caussidière ou la police politique de la France, ont mis au grand
jour des scènes de turpitude et d'horreur, que le public en général ignorait, et que ceux qui devaient les avoir soupçonnées ne
se souciaient guère de faire certifier. Il faut convenir que la
République de Février, quoique moins austère que celle de
Sparte, a cela de commun avec celle-ci qu'elle aussi fait enivrer·
ses Ilotes pour dégoûter de l'ivrognerie. C'est une manière clas-
sique de donner des leçons de prudence et de morale à la
jeunesse.

Marc Caussidière, dit un biographe admirateur, est fils et
frère de conspirateurs, — un grand nom dans son parti, quoique originairement « *tour à tour fabricant, commis-voyageur,*
fabricant et puis conspirateur, » dernier titre qui réellement

semble caractériser le principal emploi de sa vie aventureuse.
On le représente comme un homme de large stature, de façons
grossières, sensuel, peu sobre, d'une gaîté vulgaire, d'un esprit
insouciant; mais possédant des qualités assez rares parmi les
frères et amis, la fidélité à son parti, un sens droit et le courage
dans les occasions difficiles et dans le danger. Il n'appartenait à
la *Réforme* qu'à titre de commis-voyageur; mais son ardeur et
son activité à semer la sédition, tout en obtenant des souscrip-
tions à cette feuille languissante, ses emprisonnements politiques, sa décision et la bonhomie de son caractère, lui avaient
donné plus d'influence auprès des rédacteurs du journal et des
chefs de son parti que n'auraient pu lui en procurer sa condi-
tion sociale et son humble emploi.

Deux individus étaient intimement liés avec lui dans les sociétés secrètes et les conspirations, aussi bien que dans les bureaux de la *Réforme* : Adolphe Chenu, jeune cordonnier, et
Lucien de La Hodde, homme de lettres, présumons-nous, puisqu'il faisait des articles. non-seulement à la *Réforme*, mais encore au *Charivari*, le *Punch* (*Polichinelle*) parisien, — infé-
rieur au *Punch* anglais par son impression et plus encore par
ses caricatures. De La Hodde s'est trouvé depuis avoir été à la
solde de la police, et Caussidière assure que son complice Chenu
était un traître. De La Hodde a été convaincu du fait, et il se
défend aujourd'hui en prétendant avoir non-seulement été utile
à la société en général, mais encore avoir rendu service aux individus qu'il trahissait, « parce qu'en avertissant la police, il lui
procurait les moyens de prévenir le mal et empêchait ainsi
ses amis de risquer leurs vies dans des *émeutes* désespérées. »
Caussidière veut que Chenu ait fait aussi partie de la police se-
crète, et Chenu le nie. Quant à nous, comme les preuves manquent, nous nous contentons de penser qu'il a pu seulement
exister contre lui de graves motifs de suspicion, et nous nous
demandons pourquoi, au premier signe de Caussidière, il consentit si docilement à abandonner une position comparative-
ment élevée que la Révolution lui avait procurée à Paris, pour
aller s'exposer comme simple volontaire aux tribulations et aux
blessures qui l'attendaient en Belgique et à Bade, lors des inva-
sions de maraude révolutionnaire dirigées contre ces deux pays.

Nous nous rappelons aussi l'avertissement amical qu'un ancien préfet de police adressait à quelques conspirateurs : « *Souvenez-vous que lorsque vous êtes trois ensemble, il en est au moins un d'entre vous qui est un espion.* »

Il ne nous semble pas douteux que Chenu et de La Hodde entrèrent très jeunes dans les conspirations républicaines, et probablement en toute sincérité : on peut se laisser séduire par les écus de la police, cette sirène des conspirateurs, et rester au fond du cœur, comme en apparence, très hostile au gouvernement. Quel est le réformiste anglais qui répondit à ceux qui le taxaient d'avoir cédé à une corruption semblable : — « J'ai servi le peuple en épuisant les ressources de ses ennemis? » Ce qu'il y a de certain, c'est que de La Hodde et Chenu prirent une part signalée aux combats du 24 février, dans la matinée, et surtout à celui de la place du Palais-Royal, où les insurgés, ne pouvant forcer le corps-de-garde, y mirent le feu et *brûlèrent tout vivants* les soldats de ce poste avec les gardes municipaux qui le défendaient. Ce fut après cet exploit que Caussidière, Emmanuel Arago, *Albert*, de La Hodde, Chenu et le reste, s'ajournèrent aux bureaux de la *Réforme*, où, avec Flocon, Louis Blanc, etc., ils élurent le Gouvernement provisoire. Cela fait, Etienne Arago fut nommé directeur des Postes, et Chenu proposa Caussidière pour préfet de police : «Poste important, dit le président du conciliabule de la *Réforme*, car là surtout il nous faut un homme sûr pour connaître ceux qui nous ont trahis depuis dix-huit ans. » Chenu prétend qu'il surprit un regard méfiant sur la physionomie de Lucien de La Hodde : le proverbe anglais a raison : « *Rien de mieux qu'un voleur pour prendre un voleur.* » Caussidière semble avoir été mécontent de cette place subordonnée, quoique réellement importante. Il pensait avoir autant de droits à faire partie du Gouvernement provisoire, que Flocon, Louis Blanc et Albert; mais enfin il *se résigna*, et alla prendre possession. Étienne Arago était aussi déjà parti pour aller s'installer à la direction des Postes, dont l'hôtel n'était pas loin, mais il revint dire que les factionnaires l'avaient repoussé. Chenu, avec une cinquantaine de républicains qu'il avait, on ne sait comment, groupés autour de sa personne, alla l'escorter et le faire reconnaître dans ses fonctions. Après cette expédition, Chenu alla joindre son ami et son élu Caussidière à la préfecture de police, où sa bande s'organisa en garde du préfet : Chenu se trouva ainsi le capitaine de cette garde, tandis que de La Hodde, — qui s'était nommé lui-même, dit Caussidière, — devint secrétaire-général !

Nos Mémoires placent ici la description de la conduite de M. Caussidière à la préfecture de police, et c'est vraiment un chapitre curieux. Nous n'avons place que pour quelques-uns des passages les plus caractéristiques :

« Le premier soin du nouveau préfet, en prenant posses
» sion, fut d'ouvrir les tiroirs du bureau de son prédécesseur...
» Ils étaient vides : « *Zéro à la caisse !* s'écria-t-il, pas un mo
» naco ! » Il parcourut ensuite les registres secrets des délits
» politiques. Ces dossiers ne le mirent au courant que des
» rapports mystérieux sur une certaine classe de la population
» féminine. Mais il ne fut pas désappointé quand il s'occupa
» d'un soin non moins intéressant : celui de souper. Il se fit
» servir le repas destiné à M. Delessert, et en fonctionnaire
» hospitalier, il invita ses amis à se mettre à table avec lui. »

Après souper, le domestique de l'ancien secrétaire-général, nommé Jean, ayant versé à M. Chenu un petit verre d'eau-de-vie de première qualité, profita de l'occasion pour le prier de le recommander au nouvau préfet :

« —Écoutez, Monsieur Jean, lui répondit Chenu, je vais vous
» donner un conseil qui vaudra mieux que les meilleures re
» commandations : Tenez toujours cette admirable liqueur à
» la disposition de M. Caussidière, et vous verrez qu'il ne
» pourra plus se passer de vous.

» — Bien vrai, Monsieur Chenu !

» — Je vous l'assure. Je le connais un peu ; je sais ses goûts. »
(CHENU, les *Conspirateurs*, p. 89.)

« — Le lendemain, poursuit Chenu, Jean me dit d'un air
» mystérieux : — Dites donc, Monsieur Chenu, j'ai placé hier au
» soir, sur sa table, un flacon de cette vieille eau-de-vie que
» vous savez : vous m'avez donné là un fameux conseil. Il a
» tout bu, et ce matin il a paru tout surpris en voyant que je
» l'avais remplacé par un autre. » (CHENU, p. 98.)

La prévenance attentive de Jean, exposa le préfet à quel-

ques aventures nocturnes dans les rues de Paris, et là-dessus, ce que Caussidière avoue lui-même suffit pour donner
crédit aux détails un peu plus crus de M. Chenu. Le caractère et les mœurs de ce merveilleux fonctionnaire, aussi bien
que son respect pour les lois et la liberté, peuvent être appré-
ciés par ce qu'il raconte dans ses propres Mémoires, de la première audience qu'il accorda aux principaux chefs de division
et commis de son département, qu'il congédia de sa gracieuse
présence avec ce compliment :

« Si quelqu'un de vous se rend coupable de trahison, je le
» fais fusiller sur-le-champ dans la cour de la Préfecture. »
(CAUSSIDIÈRE, *Mémoires*, p. 73, éd. de Paris.)

Caussidière, avec plus de prudence et de gratitude que de
convenance, s'entoura de ses anciens amis et complices : il
organisa une force militaire recrutée parmi les plus *exaltés*
de la basse classe des sociétés secrètes. Un certain Pornin,
détenu politique, à la jambe de bois, fut nommé gouverneur
de la Préfecture et commandant de cette garnison qui fit depuis tant de bruit et causa tant d'inquiétude au gouvernement
provisoire, sous le titre des Montagnards.

Pornin (par suite d'un accident que l'ivresse avait causé à
Caussidière) se mit dans la tête de craindre des dangers pour
la vie de son ami, du « *soleil de la République*, » comme il
aimait à l'appeler :

« Il s'était installé dans l'antichambre ou plutôt dans une
vaste salle d'attente située en face du cabinet même du préfet. Il s'y fit apporter *un* lit, y coucha avec sa fille et son
gendre, fit poser deux factionnaires à sa porte, comme à la
porte de son ami. . . . .

» ..... Pornin fit de cette pièce une véritable caverne de
brigands. A l'instar du préfet, il eut table ouverte à tout venant » (aux frais de la république). « Caussidière lui avait confié le soin d'organiser de nouvelles compagnies de montagnards
et les gardiens de Paris. Il descendait avec eux chez les mar-
chands de vin de la rue de Jérusalem ; car le vin qu'on lui
distribuait le matin était loin de suffire à son immense con-
sommation. Il était constamment en état d'ivresse ; il fréquen-
tait de préférence les personnages les plus dégoûtants ; il échan-

geait volontiers contre un petit verre d'eau-de-vie la plaque de gardien de Paris; aussi, comme on doit le penser, faisait-il d'ignobles choix. — ... A sa table, le thème favori de l'amphytrion portait sur la manière dont on expédierait les trois cents aristos qui devaient être immolés à la consolidation de la République..... Pornin osa faire de sa chambre, à la Préfecture de police même, un lieu de crapuleuse débauche, et malheureusement le préfet, non-seulement ne s'y opposa pas, mais encore consentit à approuver, par sa présence, l'orgie organisée par son subordonné, etc., etc. » (Page 111 *et passim.*)

Par exemple, Pornin jugea convenable, un matin, de faire une visite non autorisée au pénitentiaire à Saint-Lazare, sous la conduite du maître d'une maison de tolérance, qui était sans doute très compétent pour lui donner tous les détails nécessaires « sur le personnel des dames de l'endroit. »

« En revenant de Saint-Lazare, le sieur Baptiste, l'homme
» compétent dont j'ai parlé, proposa de prendre un verre de
» vin dans son établissement, situé rue de la Vieille-Place-aux-
» Veaux. La motion fut acceptée d'autant plus volontiers que
» quelques-unes des prisonnières avaient donné au chef de
» maison, intime de Pornin, différentes commissions pour
» leurs compagnes.

» Une circonstance naturelle de tout instant d'arrêt pour ces
» messieurs, fut une suite non interrompue de libations, qui
» bientôt eurent échauffé les têtes à un tel point, qu'on enga-
» gea une partie de plaisir pour le soir même, et que Pornin
» invita à souper chez lui, à la Préfecture, toutes les dames
» composant le personnel de l'établissement.

» Pornin prit donc les devants pour préparer la petite fête de
» famille, le souper régence qu'il voulait donner à ses amis. Sa
» fille, la citoyenne Chatouillard, l'aida avec intelligence dans
» tous ces préparatifs, et à la nuit tombante les convives s'étaient
» glissés dans la Préfecture ; on s'installa dans l'appartement
» de M. le gouverneur.

» On donna une consigne sévère aux deux sentinelles, avec
» défense de laisser entrer qui que ce fût. Cet ordre était plus
» facile à donner qu'à faire exécuter, car la porte ne fermait
» pas à clé, et les Montagnards obéissaient difficilement à des

» chefs qu'ils s'étaient donnés eux-mêmes et qu'ils ne respec-
» taient que fort peu, les connaissant pour ce qu'ils valaient.
» Aussi la curiosité ayant été éveillée au plus haut degré lors-
» qu'on connut les singuliers hôtes que recevait Pornin, trouva-
» t-on mille prétextes pour venir le troubler par des visites
» inopportunes. Il se levait alors furieux et menaçait de pas-
» ser sa jambe de bois à travers le corps des téméraires qui
» osaient le déranger dans ses plaisirs. Il repoussa même bru-
» talement et fit jeter à la porte un Montagnard qui avait 50 fr.
» à lui remettre au nom de la commission des récompenses
» nationales.

» Ce ne fut donc qu'à une heure assez avancée de la soirée
» que la société put se livrer à l'aise à tout le dévergondage dont
» de pareilles gens étaient capables. Alors s'engagea l'orgie la
» plus échevelée : tout ce que l'imagination la plus déréglée du
» marquis de Sade a pu rêver de plus hideux, fut mis en prati-
» que par cette troupe éhontée. Le champagne fut versé à flots ;
» d'immenses bols de punch éclairèrent les scènes les plus ré-
» voltantes et que la plume la moins chaste se refuserait à
» décrire.

» Pornin, ivre de vin et de luxure, était l'âme de cette dé-
» goûtante bacchanale, et il poussa le délire jusqu'à déclarer
» qu'une aussi belle fête de famille ne pouvait se passer de la
» présence de son ami l'illustre préfet de police. Caussidière
» vint en effet, et ne fit pas chasser cette horde immonde. Il se
» joignit à eux et partagea avec enthousiasme leurs plus sales
» plaisirs.

» L'orgie se prolongea jusqu'au jour, et l'on se sépara en se
» promettant bien de se revoir le plus souvent possible. »

Quoique sachant que les gens de cette classe, lorsqu'ils lâchent
une fois la bride à leurs passions sensuelles, tombent bien vite
dans tous les excès, nous serions tentés de supposer que les
scènes d'orgie ont été grandement exagérées ou même entièrement dénaturées ; mais il est un épisode infiniment plus incroya-
ble et dont Caussidière cependant est forcé de reconnaître tous
les horribles incidents. Nous nous serions abstenu de le raconter sans sa confession.

On a vu que Chenu et de La Hodde étaient les plus chers amis de Caussidière : l'un, son capitaine des gardes ; l'autre, son secrétaire-général. Un des premiers soins de Caussidière avait été, avons-nous dit, de s'emparer des registres de l'espionnage politique. Il les posséda bientôt tous, et Chenu assure que Caussidière fit disparaître son propre *dossier* (c'est le carton où sont contenus tous les papiers concernant un individu. Un plus haut personnage a cherché à avoir son dossier quand il est parvenu au pouvoir.) On présume que quelques-uns des anciens employés des bureaux, jaloux de voir de La Hodde les primer, firent entendre au préfet républicain que son secrétaire-général avait été à la solde de la police, et que dans son dossier se trouveraient ses révélations continuelles et détaillées de tous les secrets du parti. Ainsi se découvrirent la lettre par laquelle de La Hodde offrait de se vendre, et cent dix-huit rapports signés Pierre, dénonçant tous les actes de la conspiration anti-monarchique. Il y avait là de quoi exaspérer un homme plus patient que Caussidière, et personne n'eût été surpris s'il avait ouvertement accusé un tel traître en invoquant contre lui la justice publique. Pourquoi n'en fit-il rien ? c'est ce que nous ne pouvons nous expliquer qu'en répétant encore l'adage de l'ancien préfet : « Partout où se trouvent trois conspirateurs, un au moins est à ma solde. » Nous concevons que Caussidière, qui avoue que les archives contenaient d'étranges secrets et qu'il s'efforça de prévenir de scandaleuses révélations, ait pu avoir de sérieux motifs pour ne pas donner de publicité à l'affaire ; mais le parti qu'il adopta fut extraordinaire et terrible au-delà de ce qu'on peut s'imaginer. Il prémédita *le meurtre de de La Hodde par de La Hodde*, décidé à ensevelir dans le mystère de son tombeau, — dans le tombeau du suicide, — sa propre infamie et celle de tous ceux qu'un procès public eût exposés à la même honte. Dans ce but, Caussidière qui, avec toute sa violence, semble avoir eu une certaine réserve calculée, ne voulut pas ou peut-être ne crut pas pouvoir seul forcer de La Hodde à se tuer. Il convoqua dans l'appartement d'Albert, au Luxembourg, un tribunal secret pour juger et condamner (la condamnation était sûre), l'infortuné de La Hodde. Celui-ci fut donc invité aussi à se rendre à une entrevue dont l'objet n'était pas spécifié. Chenu, qui y était invité avec le reste de la clique de Caussidière, semblerait s'être défié de quelque guet-apens, et il avait eu la précaution de venir avec une escorte de cinquante à soixante de ses gardes, bien armés, sous les ordres d'un sien parent; ils se dispersèrent dans les vestibules et les corridors autour de l'appartement d'Albert, avertis que s'ils entendaient un coup de pistolet, ce serait le signal par lequel Chenu indiquerait son danger. Ils devaient à l'instant même voler à son secours et le venger par de sanglantes représailles. Ce contre-plan fut sans conséquences, mais il faillit causer un mélodrame encore plus effrayant que la scène préparée par Caussidière.

Si Chenu avait été un homme de la police, il était du moins un énergique et persévérant émeutier : loin d'avoir été corrigé par sa mésaventure en Belgique et à Bade., il fut fait prisonnier sur les barricades de juin 1848, puis examiné devant une des cours martiales de Cavaignac. Ce fut là qu'il exposa les principaux faits reproduits avec plus de détails dans ses Mémoires. Nous extrairons de sa déposition du 10 août 1848, le récit du procès à huis-clos et du meurtre manqué de de La Hodde. Il le raconte encore dans ses Mémoires plus dramatiquement et plus longuement; mais, il nous suffira, pour faire connaître cette scène, du résumé de l'*Enquête* en y intercalant quelques mots des Mémoires :

« Un jour, je reçus une lettre du préfet qui me fixait un rendez-
» vous pour le soir même à dix heures. J'arrivai quelques minu-
» tes après l'heure. De La Hodde était assis dans un coin de l'ap-
» partement d'Albert. Je vis là, Albert lui-même, Caussidière,
» Mercier, Sobrier, Monnier, Bocquet, Pilhes, Lechallier, Berge-
» ron, Caillaud, Typhaine et Grandmesnil, qui, en sa qualité
» de doyen, fut nommé président. A mon entrée, Caussidière prit
» un dossier et accusa de La Hodde, qui bondit à la mention de son
» nom, de nous avoir tous trahis au dernier gouvernement, et il
» remit à chacun de nous les rapports qui le concernaient. Il y en
» avait une vingtaine sur mon compte. Caussidière dit ensuite à
» de La Hodde d'un ton solennel, *qu'il devait mourir de sa propre*
» *main,* — en se brûlant la cervelle ou en s'empoisonnant, et il
» lui présenta successivement le pistolet et le poison. Caussidière
» montra un grand *sang-froid* et parut plutôt céder à la crainte
» de futures révélations de la part de de La Hodde qu'à un senti-

» ment de vengeance, car de La Hodde s'était imprudemment
» écrié : « Ah ! c'est comme cela : vous me le paierez cher. » Mais de
» La Hodde s'aperçut bientôt de l'imprudence de sa vaine menace,
» et s'abandonna à un accès de terreur, en confessant qu'une terri-
» ble fatalité l'avait jeté dans les bras de la police. Le malheureux
» dit qu'il ne se tuerait pas, mais qu'on pouvait faire de lui ce qu'on
» voudrait. On l'avait déjà saisi, on allait peut-être le massacrer,
» Bocquet avait armé le pistolet, il allait lui-même brûler la cer-
» velle à de La Hodde, lorsqu'Albert lui arracha le pistolet des
» mains, et quand Caussidière voulut insister pour qu'alors de
» La Hodde bût le poison, Albert s'interposa de nouveau et déclara
» qu'il ne souffrirait pas qu'on commît un meurtre chez lui. —
« Chenu ajoute que Monnier, Pilhes et lui, se joignirent à Albert
» pour demander grâce, et l'on renonça à l'exécution dans l'ap-
» partement d'Albert. Il fut proposé de forcer de La Hodde à se
» tuer dans un fiacre. de La Hodde résista encore — promettant
» de se taire. Caussidière finit par céder à une insinuation de
» Grandmesnil qui dit : « *Il faut le mettre sous clé.* » On l'épargna
» donc pour le moment, on l'entraîna dans un fiacre, et on
» l'emmena bien gardé à la préfecture, d'où Caussidière le fit
» mettre au secret dans un cachot de la Conciergerie. »
(*Déposition de Chenu à l'Enquête et Mémoires de Caussidière.*)

Cette scène extraordinaire, la froide férocité des juges-
exécuteurs et les angoisses de la victime, sont racontées sans
doute très véridiquement et avec beaucoup d'effet dans les
Mémoires de Caussidière : on ne peut s'empêcher de se demander
encore avec Chenu, ce qui serait advenu si de La Hodde avait
été réellement forcé de se brûler lui-même la cervelle ou si
Bocquet avait exécuté sa menace, et peu s'en fallut ; le bruit du
pistolet aurait été entendu par les gardes de Chenu placés en
embuscade, ils auraient cru que c'était son signal, ils se seraient
précipités dans l'appartement d'Albert, et peut-être auraient
exterminé, d'après Chenu, tous ceux qui s'y trouvaient excepté
leur capitaine.

Ce fut évidemment par suite de la déposition faite sur cet
évènement et sur plusieurs autres relativement à Caussidière,
dans *l'enquête* devant l'Assemblée Nationale, que le préfet de
police de la République (mis en accusation et ayant pris la

fuite), publia à Londres ses Mémoires où il avoue l'affaire de La Hodde. Trop d'individus en avaient été témoins pour qu'on pût la nier ; mais Caussidière cherche à se justifier sur d'autres points, et il s'efforce de compromettre Chenu. Chenu, qui n'avait d'abord fait qu'une simple déposition , se trouvant ainsi attaqué personnellement, s'est retourné contre Caussidière et a publié son pamphlet des *Conspirateurs*. Ce pamphlet, outre la révélation des turpitudes de la Révolution de Février, met à jour les menées des sociétés secrètes républicaines et des émeutiers qui, après avoir harassé le règne de Louis-Philippe, l'ont terminé au moment où ils s'y attendaient le moins.

Quelque terribles qu'aient été les résultats de ces conspirations : — assassinats, insurrection, révolution enfin, — rien de plus méprisable que le nombre et le personnel des conspirateurs. Nul parmi eux n'avait un titre plus élevé que celui de parasite des journaux séditieux, et, quant au chiffre total, il n'a jamais, dans tout Paris, dépassé 3,000... mais ce n'était là que le noyau, et autour de ce noyau se groupaient tous les oisifs et les vagabonds déguenillés de cette ville à la fois turbulente et lâche. Nous n'ajouterons plus qu'un trait à ce tableau : — Si l'insurrection de Juin eût réussi, le dictateur désigné était MARC CAUSSIDIÈRE.

Il paraît que de La Hodde resta enseveli dans les caveaux de la Conciergerie, jusqu'à ce que le règne de Caussidière fût terminé ; alors on lui permit probablement de s'évader et de venir en Angleterre. Retourné à Paris, et le pamphlet de Chenu ayant rajeuni sa notoriété, il a publié son récit de la *Naissance de la République*, où il montre par quelle série d'accidents et surtout par l'atroce stratagème (dont on a accusé M. Lagrange qui s'en est défendu) de provoquer ce qu'on appelle le massacre du boulevart des Capucines, l'insurrection se ranima lorsque tous les hommes des journaux et des sociétés secrètes qui l'avaient suscitée l'abandonnaient sans espoir. La défiance est bien permise envers de La Hodde, lorsqu'il parle de certaines questions personnelles ; mais, en tenant compte de son animosité très naturelle contre ceux qu'il avait trahis et qui, en retour, lui firent subir de si cruelles tortures, nous ne voyons pas qu'on puisse douter de l'exactitude des détails qu'il donne sur les évènements

auxquels il a pris part. Sa brochure ne va pas au-delà de la proclamation de la République, dont il fut un des parrains dans les
bureaux de la *Réforme*, et, comme de raison, il ne dit rien de
sa courte apparition à la préfecture de police en qualité de secrétaire-général ni de la scène du Luxembourg ; mais il promet
un volume dans lequel nous supposons que les évènements se-
ront racontés... *à sa manière*. Il s'est plaint, par une lettre adres-
sée aux journaux, que M. Chenu l'ait représenté comme trop ter-
rifié à la perspective de l'étrange mort dont on le menaçait. Sur
ce point, nous ajoutons foi plus volontiers au récit de M. Chenu,
qui devait être là un observateur plus calme... Et, en vérité,
nous ne pensons pas que ce soit nuire au caractère de M. de La
Hodde, de dire qu'il ait reçu avec une horreur extrême la proposition qui lui était faite, et qu'il ait exprimé la ferme déter-
mination de ne pas mourir de cette façon. Quant aux autres
détails, il confirme remarquablement tout ce que raconte
M. Chenu, et *leurs* Mémoires exposent si pittoresquement, si naturellement, et (en tenant toujours compte de leur rancune personnelle contre Caussidière) si véridiquement la faiblesse, la folie,
la turpitude, et enfin la fausseté du parti révolutionnaire, qu'ils
sont la meilleure réponse à tous les panégyriques que se consa-
crent à eux-mêmes Lamartine et Louis Blanc. Par conséquent,
ils pourront, nous l'espérons, répandre et fortifier en France le
sentiment dont les Français ont le plus besoin... le sentiment
de l'humiliation qu'ils doivent éprouver en se voyant dupés et
victimes d'hommes si méprisables et de circonstances si for-
tuites.

C'est en vain que M. de Lamartine défend son association avec
ces hommes, et particulièrement avec Caussidière, prodiguant les
fleurs de rhétorique et les poétiques métaphores, comme par
exemple : « C'est par son aide que j'ai fait de l'ordre avec du désordre, » — ou « J'ai été le paratonnerre conspirant avec le nuage
pour en extraire la foudre. » Nous lui demanderons : Qui avait
créé le désordre ? Qui avait amassé les éléments de l'explosion ?
et pour quel but justifiable ? ou avec quels résultats atténuants ?
Lorsque l'ex-dictateur nous décrit, avec une satisfaction si glo-
rieuse, ses luttes à l'Hôtel-de-Ville, il nous oblige à lui répliquer
qu'il soutint ces luttes pour sa propre défense... S'il fit tant d'ef-

forts pour sauver le navire, c'est parce qu'il aurait fait naufrage
à son bord ; et lorsqu'il se fait l'écho des vanteries de l'ex-préfet
de police, rappelant avec quelle promptitude il avait complètement rétabli et maintenu la tranquillité publique, repavé les rues,
entretenu la propreté du pavé, rallumé les réverbères, supprimé les maisons de jeu et rendu les vols plus rares, ils oublient
l'un et l'autre qu'il est des choses que l'autorité sommaire et
toute-puissante d'un despotisme irresponsable fait facilement et
doit faire par tous les motifs : un règne de terreur n'admet d'autre désordre que le sien. Le préfet de police qui, pour premier
et dernier compliment, dit aux commissaires placés sous ses
ordres, que s'ils ne se conduisent pas bien, il les fusillera dans
la cour de l'hôtel, pouvait bien être certain qu'il avait le
pouvoir nécessaire pour obliger les portiers à balayer le
trottoir des maisons. Le gouvernement qui enrôla tous les plus
audacieux turbulents de la cité dans la garnison de la Préfecture
et conçut l'idée sublime (M. de Lamartine l'appelle ainsi, et nous
admettons que ce fut une idée heureuse) de comprendre dans
la garde mobile, vingt-quatre mille des pires émeutiers ou bandits de la Révolution, ce gouvernement a bien pu dire qu'il avait
diminué le nombre des malfaiteurs errants et des petits voleurs.

Mais, c'est une justice qu'il faut rendre à M. de Lamartine, le
baume précieux de son panégyrique n'est pas versé seulement
sur sa propre tête, quoiqu'il ne le ménage pas quand il s'agit de
lui, — ni même exclusivement sur ses amis et ses collègues, Flocon, Caussidière et *tutti quanti*, — il a une inépuisable provi-
sion de dragées qu'il jette au visage de tout le monde, comme
les promeneurs du carnaval de Rome, excepté, ainsi que Louis
Blanc s'en plaint, au visage de Louis Blanc. Relativement à cette
plainte, il est vrai de dire que quelque exagérée que l'apprécia
tion des talents et des services de M. Louis Blanc par M. de Lamartine nous semble *à nous*, elle reste considérablement au-
dessous de sa propre estime, et nous soupçonnons qu'il n'est
aucune plume au monde, quelque favorable et flatteuse qu'elle
fût, qui pourrait satisfaire l'opinion que ces deux messieurs ont
de leur mérite, — aucune plume, excepté la plume de chacun
d'eux. Le panégyrique est un breuvage qu'ils peuvent seuls su-
crer à leur goût. Nous abrégerons un peu ce que M. Louis Blanc

dit de ce trait caractéristique du caractère et de l'histoire de M. de Lamartine, prétendant que toute sa politique consiste en ces deux mots : *être applaudi.*

« L'oreille constamment tendue pour écouter le bruit de son
» nom, et tremblant toujours qu'on ne troublât la musique de
» sa renommée, il voulut capter quiconque se faisait craindre.
» Il convoita tous les hommages, se mira dans toutes les opi-
» nions, et chercha, pour s'y placer, le point d'intersection de
» tous les partis. D'une égale ardeur on le vit rechercher l'ap-
» probation des salons et tenter celle des clubs, se concilier
» lord Normanby et s'efforcer de plaire à Sobrier, offrir une
» ambassade à M. de La Rochejaquelein et se prêter à des entre-
» vues secrètes avec Blanqui. . . . .
» La flatterie prodiguée sans mesure à tout venant est un arti-
» fice familier aux hommes qui ont une grande réputation à
» soigner. Convaincus que la flatterie, quand elle tombe de
» haut, a des attraits irrésistibles, ils se font volontiers courti-
» sans, pour grossir le nombre de leurs admirateurs, de leurs
» séides, de leurs porte-voix ; ils demandent à intéresser au suc-
» cès de leur propre vanité la vanité d'autrui. Après l'avoir
» conquise de haute lutte, ils rusent avec la gloire. » (*Pages
d'histoire*, p. 26 et 27.)

L'ouvrage de M. de Lamartine est une galerie de portraits qui nous représentent des monstres de perfection comme le monde n'en avait jamais vus... (1) jusqu'à ce que M. de La-martine les lui révélât. Oncques n'exista une pareille constellation de toutes les espèces de vertus publiques, de vertus privées et même de beauté physique. Si nous ne nous trompons, parmi les centaines de noms qu'il mentionne, il n'en est que deux qu'il n'accable pas de compliments étudiés, plus ou moins lourds, et, comme nos lecteurs le devinent, plus ou moins im-mérités. Les deux personnes qui ont eu la bonne fortune d'être moins bien partagées dans le panégyrique confus de M. de La-martine, sont MM. Guizot et Thiers ! M. Thiers est très peu loué, M. Guizot pas du tout.—*Præfulgebant eo ipso quod effi-gies eorum non visebantur.* Louis Blanc ne voit dans cette

____

(1)   « — Faultless monsters as the world ne'er saw. »

aveugle prodigalité d'éloges que le calcul usuraire de la vanité :

> « *Incense* like interest, is but a loan
> Which he lays out for what he can get. »

> « Il prodigue l'*encens*, mais ce n'est là qu'un prêt
> Dont il espère bien retirer l'intérêt. »

Or, M. de Lamartine, nous le présumons, n'espérait guère que MM. Thiers et Guizot lui rendraient encens pour encens.

Mais nous soupçonnons un autre motif à ce panégyrique presque sans distinction. M. de Lamartine n'a peut-être pas sérieusement renoncé au jeu des révolutions : il a disparu sous la vague ; mais il peut remonter à la surface. Encore quelques tours de la roue de fortune, le comte de Paris peut rentrer aux Tuileries, ou Louis Blanc au Luxembourg, Marrast au Palais-Bourbon et Marc Caussidière avec le commandant Pornin à la Préfecture. Si la politique de M. de Lamartine n'est pas très profonde, elle est du moins à la hauteur de la célèbre maxime de La Rochefoucault : «Vivez avec vos amis comme s'ils devaient un jour devenir vos ennemis, et avec vos ennemis comme s'ils devaient un jour devenir vos amis. » Brydone, dans ses *Voyages*, parle d'un Anglais original qui, à Rome, ne manquait jamais d'ôter son chapeau à une statue de Jupiter. Quelqu'un lui ayant demandé pourquoi : «Qui sait, répondit-il, si Sa Divinité ne pourra pas un jour être réintégrée dans son temple? Peut-être alors se souviendra-t-il de ceux qui ont été polis pour lui au temps de sa disgrâce? » C'est ainsi que M. de Lamartine ôte son chapeau non-seulement à Jupiter, mais encore à Pasquin, à Marforio et même à Silène.

Par une conséquence naturelle, son ouvrage est également vide d'information et d'amusement. Il a retourné l'axiome hisrique de Cicéron : *Ne quid veri audeat, ne quid falsi non audeat.* Les trois quarts de ses volumes sont une compilation, d'après *le Moniteur*, de tous les admirables discours qu'il prononça et de toutes les pièces diplomatiques qu'il publia pendant son règne éphémère, accompagnée par le commentaire courant de l'éloge de son génie, de son éloquence, de son courage et même de sa beauté physique, — la distinction agamemnonienne de cette haute taille et l'énergie démosthénienne de cette noble physionomie qui donnait de l'autorité aux fleurs de rhétorique et de la grâce aux paroles de la sagesse. Ce ne sont pas là ses propres termes, qui, surtout lorsqu'il se loue, sont trop diffus pour être facilement condensés ; mais tel en est le sens, telle est la forme de son style. Bref, tout est si défiguré par ce que Louis Blanc appelle justement *une puissance d'illusion prodigieuse*, que son *Histoire de la Révolution de Février* est également inutile comme histoire et fatigante comme roman.

La partie de cet ouvrage qui a le plus de nouveauté, est celle qui est consacrée au départ de la famille royale et plus spécialement du roi et de la reine, — depuis les Tuileries jusqu'en Angleterre ; mais cette relation est erronée sur plusieurs points, — sans intention malveillante, toutefois, nous le croyons, — car M. de Lamartine ôte encore son chapeau à Jupiter et à Junon ; — mais par cette inexactitude de renseignements et cette diffusion de style qui caractérisent tous ses détails. Nous avons pu vérifier plusieurs faits. Or, soit qu'on introduise les épisodes personnels comme ayant leur valeur historique, soit qu'on veuille seulement les faire servir à l'intérêt général de la narration, leur valeur ou leur intérêt dépendent essentiellement de leur exactitude. S'ils valent la peine d'être racontés, ils doivent l'être fidèlement ; et puisque M. de Lamartine a jugé à propos de donner à cet épisode tant de place dans son *Histoire de la Révolution de 1848*, nous avons pris la peine de nous mettre en état de raconter les mêmes évènements avec les détails les plus circonstanciés et les plus corrects. Nous avons d'autant mieux cru devoir le faire, que le capitaine Chamier et d'autres auteurs, d'une tournure d'esprit moins romanesque que M. de Lamartine, trompés par les bruits vulgaires, sont tombés dans la même inexactitude.

Nous prévenons nos lecteurs que les détails circonstanciés que nous allons leur donner ne pouvaient être obtenus d'une manière authentique que de ceux qui furent acteurs ou témoins de ces épisodes intéressants et dramatiques. En tant qu'il s'agit des *faits*, nous avons scrupuleusement suivi les notes et les souvenirs qu'on a daigné obligeamment nous communiquer; mais, quant à leurs causes, à leur portée et à leurs conséquences possibles ou probables, les opinions et les jugements que nous

pouvons incidemment exprimer nous appartiennent exclusivement.

§ II.

LE DÉPART DE LOUIS-PHILIPPE.

Du moment que MM. Thiers et Barrot retirèrent le commandement au maréchal Bugeaud et envoyèrent aux troupes l'ordre
de ne pas résister à la populace, la monarchie fut perdue : leur
banquet agitateur avait provoqué l'insurrection ; cette soumis-
sion pusillanime en fit une révolution. L'introduction dans l'appartement privé du roi... dans son cabinet même... d'un assem-
blage de personnes «généraux, députés, journalistes, simples
» officiers de l'armée et gardes nationaux, qui l'assiégeaient d'in-
» formations et d'avis, interrompus par des informations et des
» avis contraires...» (LAMARTINE, tom. 1ᵉʳ, p. 123), était déjà
une preuve évidente... avant que le mot *abdication* eût été prononcé... que Louis-Philippe n'était plus roi. Au milieu de cette
cohue qui ne représentait que trop bien l'irrésistible tumulte du
dehors, le roi signa son abdication comme la seule chance de
conserver au moins un lambeau de la monarchie, ou, ce qui était
plus urgent encore en ce moment, de sauver la vie des membres
de sa famille et de ses amis, — bloqués dans deux ou trois
chambres du palais, sans défense, et nous pourrions dire déjà
pris.

M. de Lamartine décrit avec beaucoup de détail l'ardeur et
l'énergie du brave maréchal Bugeaud cherchant à encourager le
roi et à le dissuader d'abdiquer : toutes ces belles scènes sont
de pures inventions sans le moindre fondement. Non-seulement
le maréchal ne s'opposa pas à l'abdication, mais encore il ne re-
vit plus le roi après la revue du matin, où la pensée d'abdication n'était entrée dans l'esprit de personne. A l'une de ces re-
montrances imaginaires contre l'abdication comme n'étant pas
encore nécessaire, le roi, selon M. de Lamartine, répondit :

«—Je le sais, maréchal, mais je ne veux pas que le sang coule
» plus long-temps pour ma cause. » Le roi était brave de sa per-
» sonne. Ce mot n'était donc pas un prétexte dont il couvrait sa

» fuite, ni une lâcheté. Ce mot doit *consoler l'exil et attendrir*
» *l'histoire.* Ce que Dieu approuve, les hommes ne doivent pas
» le flétrir. » (P. 145.)

Nous ne doutons pas que tel fût le sentiment du roi ; mais, nous
le répétons, une pareille conversation ne put avoir lieu. Nous
ne saurions cependant laisser passer sans observation le ver-
biage hypocrite dont M. de Lamartine enveloppe sa fable...
comme si *cette* expression était la seule consolation *de l'exil*
du roi... la seule qui puisse encore adoucir le *verdict* que ce
Rhadamante révolutionnaire enregistre avant qu'il soit prononcé... comme si ce sentiment de Louis-Philippe n'avait pas déjà
été exprimé par plusieurs paroles mémorables et divers actes de
clémence et d'humanité dans le cours de son règne. M. de Lamartine espère-t-il que ces *amendes honorables* sentimentales envers le
roi, *attendriront* soit le temps présent, soit la postérité, et adou-
ciront la sentence prononcée contre le crime et la folie dont il
fut le complice sinon le principal instigateur? Ce ne sera certes
pas une consolation pour l'exil du roi de se trouver *verni* par
le même pinceau qui prête de si belles couleurs à Flocon et à
Caussidière.

Lorsque le roi se fut résolu à son abdication et qu'il s'assit
pour la rédiger à son bureau, il se vit immédiatement entouré
par une foule de spectateurs, la plupart inconnus de lui, et qui
suivaient avec attention tous les mouvements de sa plume. Quelques-uns lui criaient brutalement : « *Mais dépêchez-vous donc,*
vous le faites trop long ; vous n'en finissez pas. » D'autres, en
remarquant que le nom de la duchesse d'Orléans n'y était point
inséré et que le roi ne faisait nulle mention de la régence, dirent:
« *Ah! mais cela ne peut pas aller comme cela; il faut que vous*
déclariez la duchesse d'Orléans régente (1). » Le roi répondit
sévèrement : « *D'autres le feront, s'ils le croient nécessaire;*
mais moi je ne le ferai pas ; c'est contraire à la loi; et comme,
grâce à Dieu, je n'en ai encore violé aucune, je ne commence-
rai pas dans un tel moment. »

(1) M. Crémieux, l'avocat juif, était incontestablement dans le cabinet du roi
en ce moment, comme M. de Lamartine le raconte; mais M. de Lamartine se
trompe lorsqu'il ajoute que Crémieux fit cette interpellation au roi. Il paraît, au
contraire, qu'il y resta tout-à-fait étranger.

La confusion était si grande, que l'acte d'abdication fut arraché des mains du roi avant qu'il pût en faire une copie... et l'on ne sait pas d'une manière certaine ce que cet acte est devenu. On a dit qu'il était allé tomber dans les mains de Lagrange, le héros du massacre du boulevard des Capucines, aujourd'hui un des membres de l'Assemblée législative. M. de Lamartine adopte cette version qu'il embellit de quelques-unes de ses pittoresques inexactitudes ; mais nous avons de bonnes raisons de soupçonner... nous sommes même à peu près sûrs, — que le papier au pouvoir de Lagrange, et qui lui fut remis par M. Antony Thouret, un de ses collègues au journal *la Réforme*, aujourd'hui, comme lui, membre de l'Assemblée législative, n'était qu'une copie, une copie informe et inexacte de l'original (1).

La première pensée qui vint alors au roi, fut de débarrasser la duchesse d'Orléans de l'inconvénient de sa présence près d'elle. Il espérait par son départ immédiat, puis par son éloignement, lui donner la chance la plus sûre d'écarter les soupçons et d'adoucir l'animosité qui existait contre lui, afin qu'elle pût fonder l'établissement de la régence sur les bases les plus solides.

La reine avait été témoin de cette scène, « témoin alarmé mais digne. » Lorsque l'abdication eut été ainsi arrachée au roi, M. de Lamartine dit qu'elle se tourna vers M. Thiers et s'écria : « Oh ! » Monsieur, vous ne méritiez pas un si bon roi. Sa seule vengeance » est de fuir devant ses ennemis. » (P. 146). Les seules paroles de la reine qui aient frappé l'oreille de celui qui nous renseigne ici, furent celles-ci : « *Vous l'avez, — vous vous en repentirez !* » et ces paroles semblaient adressées à ceux qui avaient pressé l'abdication, mais non à M. Thiers en particulier.

Le capitaine Chamier, avec une inexactitude impardonnable sur un point si important, — alors surtout que même M. de Lamartine aurait pu le redresser, — prétend que la duchesse d'Orléans fut *oubliée* ou *négligée* dans son appartement et ne fut informée là de la fuite du roi qu'après qu'il fut parti. (Vol.

____

(1) Voir Lamartine, page 147, et la *Réforme* des 11, 12, 17 et 19 août 1849. —Relativement au massacre du boulevart des Capucines, M. Lagrange a nié qu'il en ait été le *héros*.

1er, p. 63.) Cette erreur, et quelques autres qui en sont la conséquence, serait difficile à concilier avec d'autres passages du livre du capitaine Chamier. La duchesse et ses enfants furent toute la matinée, avec le reste de la famille, dans le cabinet du roi. Lorsqu'elle entendit qu'on la proposait pour exercer la régence et vit que le roi allait partir sans elle : « Ah ! sire, s'écria-t-elle en se jettant dans ses bras, ne m'abandonnez pas. Je ne suis qu'une pauvre faible femme, que ferai-je sans vos avis et votre protection ? — Ma très chère enfant, dit le roi en l'embrassant : vous vous devez à vos enfants et à la France... il vous faut rester. » S'arrachant non sans peine de ses bras, le roi la laissa étourdie du fardeau inattendu de ce pouvoir dont cette foule mêlée semblait pour le moment disposée à l'investir. La vérité est que le conseil d'abdiquer et la proposition de proclamer la duchesse régente et son fils roi, n'étaient que le résultat d'un complot des révolutionnaires pour accélérer le départ de Louis-Philippe. Nous savons à présent qu'un *gouvernement provisoire* avait déjà été préparé dans les bureaux de journaux.

En ce moment, le roi et la reine avaient avec eux dans le cabinet du roi, tous leurs enfants et petits-enfants, gendres et belles-filles alors à Paris, excepté le duc de Nemours, qui était à la tête des troupes dans la cour du palais, cherchant par une ferme attitude à empêcher l'irruption de la populace assemblée au Carrousel.

En l'absence du duc d'Aumale et du prince de Joinville, le seul des autres fils du roi qui fût présent était le duc de Montpensier, que M. de Lamartine dépeint très impatient pour obtenir l'abdication, et qui était, nous n'en doutons pas, très préoccupé du danger personnel que courait la famille royale. Ce prince pensait aussi, et il avait raison, que son premier devoir était de suivre le roi et la reine ; mais la duchesse de Montpensier étant enceinte, il eût été dangereux de l'exposer à tous les risques qu'on allait courir en se retirant par la grande avenue des Tuileries. En conséquence, le duc la confia à un ami dévoué qui se trouvait près de lui et qui la conduisit dans sa propre maison ; cette maison était voisine du château, et, de là, cette princesse se rendit par Eu à Boulogne, d'où elle arriva le 28 en

Angleterre. Le capitaine Chamier se montre surpris de ce délaissement apparent de la duchesse de Montpensier ; mais la position personnelle du duc et son devoir de prince , — le seul
prince présent , — l'obligeaient à protéger la retraite du roi,
de la reine et du reste de la famille... la soudaineté et *l'imprévu*
de toute cette catastrophe, expliquèrent plus tard ce qui avait
pu étonner dans sa conduite.

La jeune duchesse arriva heureusement à Eu , où toute la
famille avait espéré de se réunir ; mais, à son arrivée là, le général Thierry, aide-de-camp du duc, qui l'accompagnait, et
M. Estancelin, gentilhomme du voisinage, ancien camarade
d'études du duc , resté un de ses amis, qui était accouru auprès
d'elle, s'alarmèrent tellement du bruit qu'on fit courir que la
populace venait attaquer le château, qu'ils firent précipitamment
partir son Altesse Royale pour Boulogne. Ils arrivèrent à Abbeville tard dans la soirée ; mais la populace, sans savoir précisément qui ce pouvait être, devina que ces voyageurs étaient des
fugitifs politiques, et arrêta la voiture d'une manière si menа-
çante, que la princesse et le général furent forcés de l'abandonner. Ils s'échappèrent à pied , dans la nuit, à travers la ville , et
parvinrent à en sortir par une porte latérale qu'on avait heureusement laissée libre et ouverte pour l'usage de quelques ouvriers occupés à réparer une des grandes portes. De là , ce
fut non sans difficultés et presque à tâtons, par des chemins de
traverse fangeux, qu'ils gagnèrent la grand'route, où, après avoir
été pendant deux ou trois heures exposés au froid et à l'humi-
dité , ils furent rejoints par la voiture, dégagée enfin, grâce aux
efforts de M. Estancelin, et qui les transporta à Boulogne. Dans
cette aventure nocturne, la jeune princesse montra un courage
et même une gaîté très remarquables. M. de Lamartine, selon
sa coutume, brode là-dessus quelques circonstances que nous
ne croyons pas plus exactes que son assertion finale , lorsqu'il
prétend que la duchesse se rendit en Belgique et à Bruxelles où
son époux l'attendait (1). Mais nous pouvons accueillir son té-

(1) Pendant cette nuit de détresse et d'angoisse, au moment où elle cher-
chait en vain ses souliers dans la boue, M. de Lamartine lui fait dire au général
Thierry, « qu'elle aimait mieux ces aventures que la monotonie de la table ronde
de travail dans les salons chauds et somptueux des Tuileries. »

moignage général sur le danger auquel la famille semble avoir été exposée *partout*, et relativement à l'inhumanité de ce *patriote* d'Abbeville qui, repoussant les sollicitations de MM. Estancelin et Thierry, refuse lâchement un asile à cette jeune femme, dont ni le sexe, ni la faiblesse, ni la grossesse ne peuvent émouvoir sa pitié.

Le prince Alexandre de Wurtemberg et son jeune enfant, Philippe, orphelin de la princesse Marie, cette fille accomplie du roi, « que les arts avaient pleuré comme son père, » étaient aussi dans le cabinet de Sa Majesté au moment du départ : ils prirent une route différente et arrivèrent en sûreté jusqu'en Allemagne. M. de Lamartine déclare avoir cherché à faciliter et protéger la retraite de toute la famille royale ; il parle de son anxiété à ce sujet, il se glorifie principalement d'avoir donné des passeports à ce prince allemand, qui ne courait aucune espèce de danger, et qui obtint, sans autre formalités que celles d'usage, un passeport par l'entremise du ministre de sa propre cour ; mais nous ne sachions pas que M. de Lamartine ait donné un passeport à un être humain, — roi, prince, noble ou bourgeois, — qui en eût réellement besoin. Peut-être n'en trouva-t-il pas l'occasion. Nous ignorons comment cela peut être, mais nous en sommes sûrs et nous le prouverons à mesure que nous avancerons dans ce récit : ni les fugitifs eux-mêmes, ni les agents subordonnés du nouveau gouvernement, n'eurent aucune raison de croire que M. de Lamartine désirait favoriser leur évasion.

Le reste de la famille royale quitta le palais, non (comme on le raconta dans le temps et comme M. de Lamartine et le capitaine Chamier l'ont à tort répété) par un passage souterrain sous la terrasse du côté de l'eau, mais par le grand vestibule et en prenant l'avenue centrale du jardin jusqu'à la place Louis XV, — les six petits-fils du roi étant portés dans les bras des personnes de sa suite. Devant la façade qui donne sur le jardin, se trouvait un fort détachement de la garde nationale à cheval, que le général Dumas, aide-de-camp du roi, avait prudemment placé là pour protéger le passage. A la vue de la famille royale à pied, au milieu d'eux, ces gardes nationaux exprimèrent leurs sympathies et leurs sentiments de fidélité par les cris de : « Vive le roi, vive la famille royale. »

Le roi ne s'était évidemment pas attendu à être forcé de

quitter la France. Il ne prévoyait que son éloignement de Paris et des environs de la capitale. Il supposait qu'un nouveau gouvernement aurait apaisé les troubles et que son absence suffirait pour empêcher qu'on soupçonnât la régence de n'être qu'un instrument dans ses mains. En se sacrifiant ainsi à ce nouveau gouvernement, le roi contemplait sans doute, comme terme de son voyage, le château d'Eu, en Normandie, résidence favorite réparée et embellie par lui : ce serait là, pensait-il, la retraite de sa vieillesse. Mais, pour sortir de Paris, il fallait nécessairement se diriger du côté de Saint-Cloud, et, en conséquence, il paraît qu'aussitôt l'abdication résolue, les voitures de la cour reçurent l'ordre de se rendre à la grille des Tuileries qui s'ouvre sur la place Louis XV, — grille qu'on appelle encore du Pont-Tournant, à cause d'un ancien pont-levis jeté sur les fossés du château. — M. de Lamartine se vante, et mille échos répètent, que sa révolution se fit sans violence et sans qu'une goutte de sang ait été versée, — audacieuse fiction, comme nous l'avons déjà démontré ; mais ici nous devons citer un meurtre, unique sans doute, mais qui aurait pu produire un épouvantable massacre. Au moment où les voitures du roi traversaient le Carrousel pour franchir le guichet et la voûte sous la grande galerie, elles furent arrêtées dans le Carrousel : le domestique à cheval qui les précédait fut brutalement assassiné, les chevaux égorgés et les voitures elles-mêmes brûlées, pendant que les autres domestiques fuyaient pour sauver leur vie. Il convient à M. de Lamartine de taire entièrement ce fait et de représenter sous un faux jour quelques-uns des évènements qui en furent la conséquence.

Le duc de Nemours était, comme nous l'avons dit, dans la cour des Tuileries : séparé du Carrousel par la haute et massive grille, chargé du commandement nominal d'un corps de troupes à qui l'on avait interdit l'usage de leurs armes, il se trouvait bloqué de fait par les insurgés (1) : il ne pouvait donc rien

(1) NOTE DU DIRECTEUR DE LA REVUE BRITANNIQUE. Nous pouvons rectifier ici une légère inexactitude, d'après un renseignement qui nous vient d'une source authentique : « Le duc de Nemours n'avait pas été chargé du commandement des troupes ; mais Son Altesse Royale prit spontanément le commandement, lorsqu'il vit qu'il n'était plus exercé par personne dans ce moment suprême. »

faire, soit pour prévenir cet outrage, soit (en apparence d'abord) pour prévenir le désappointement et le danger que l'absence des voitures devait faire éprouver à la famille royale. Il restait par bonheur dans la cour, et, par conséquent, hors de la portée de la populace, deux de ces petites voitures à un cheval, appelées *brougham*, et un cabriolet à deux roues appartenant à la maison du roi, pour l'usage des aides-de-camp et des personnes du service qui avaient des courses à faire en ville. Le duc eut l'heureuse présence d'esprit de penser que quelque insuffisantes que fussent ces petites voitures (construites pour contenir deux personnes seulement), elles pourraient au moins recevoir quelques membres de sa famille, et à défaut d'autres il les fit conduire par le guichet de la cour et les quais encore libres, jusqu'au lieu où les voitures de voyage avaient eu l'ordre de se trouver (1). La famille royale était cependant déjà arrivée avant les voitures et ce fut pour elle une pénible surprise de ne pas voir celles qu'on y avait commandées : elle fut entourée par une foule à travers laquelle il fallut se frayer un passage jusqu'au pied de l'obélisque, au centre de la place...... lieu rempli de terribles souvenirs et où se multipliaient les sujets d'alarmes.

Toutes les publications révolutionnaires copiées par quelques écrivains bien intentionnés, faute de meilleurs renseignements, tendent à nous faire croire que, dans son départ et sa fuite, le roi, eut plus de peur qu'il n'était nécessaire d'en éprouver et que le peuple magnanime n'aurait pas touché un cheveu de sa tête. La vérité est, comme on le verra, que non-seulement le roi, mais encore tout le monde autour de lui, même les spectateurs les plus désintéressés, étaient convaincus de l'imminence du danger : c'est une opinion confirmée par tous les faits ultérieurs. Pendant toute la crise avaient été commis de nombreux meurtres, quelques-uns très lâchement, et si les petites voitures envoyées si à propos par le duc de Nemours n'étaient pas arrivées au secours de la famille royale, il est terrible de

___

(1) Le capitaine Chamier parle d'une voiture seule stationnant sur la place Louis XV depuis le matin, et conclut de cette circonstance qu'on s'attendait à ce qui arriva. C'est une erreur complète. — C'est tel que nous le racontons que le fait eut lieu, et il a une certaine importance, puisqu'il confirme l'*imprévu* et la soudaineté de tout le reste.

penser aux affreux désastres qui pouvaient avoir lieu. Au Pont-
Tournant même, trois personnes avaient été massacrées dans la
matinée, — entr'autres un député, M. Jolivet. Le roi et toutes
les personnes de son entourage le savaient,— quoique ce ne fut
que quelques jours après, que la découverte des corps sous un
tas de décombres, révéla au public ces atrocités et les périls
qu'avaient courus la famille royale sur la place même, par l'absence des voitures de voyage.

Nous pouvons ajouter encore ici, quoique par une anticipa-
tion chronologique, que M. de Lamartine admet lui-même le
danger du moment, lorsqu'il raconte qu'après que le roi fut
monté dans les petites voitures, on lui tira quelques coups de
feu qui tuèrent, sous ses yeux, deux hommes de son escorte.
Par bonheur que cet incident ne fut pas observé par la famille
royale. Un peu plus loin, M. de Lamartine, voulant exalter le
courage personnel qu'il montra en faisant face à son *amie* la
populace, à l'autre extrémité du pont, lorsque le gouvernement
provisoire se rendit de la Chambre à l'Hôtel-de-Ville, dit :

« Les pavés étaient glissants de fange et de *sang*, çà et là des
» *cadavres* d'hommes et *de chevaux jonchaient le quai* et fai-
» saient détourner la tête de la colonne. » (T. Ier, p. 228.)

Tout ce sang avait été répandu, tous ces hommes avaient
été tués, soit avant, soit après l'évasion du roi, qui n'était séparé de la scène sanglante que par le pont de la Concorde et le
corps de troupe stationné là. L'aspect de la populace, même
après qu'elle avait été en quelque sorte pacifiée par le départ
du roi et le rejet de la régence, est décrit en ces termes par M. de
Lamartine :

« Lamartine, Dupont de l'Eure, Arago et les autres membres
» du gouvernement provisoire, tantôt réunis, tantôt séparés par
» les mouvements involontaires, convulsifs, irrésistibles de cette
» houle, s'avançaient ainsi obliquement vers le palais, sous une
» voûte de piques, de fusils rouillés, de sabres, de baïonnettes
» emmanchées à de longs bâtons; de coutelas et de poignards
» brandis au-dessus d'eux par des bras nus, poudreux, san-
» glants, tremblants encore de la fièvre de trois jours de combat.
» Les costumes étaient hideux, *les physionomies pâles et exal-*
» *tées jusqu'au délire, les lèvres balbutiaient de froid et d'é-*

» motion. *Les yeux étaient fixes comme dans la démence.* »
(LAM. p. 232 et 233.)

Nos lecteurs jugeront si, dans un tel état de choses, il y avait des causes d'alarme pour la sûreté de la famille royale, mais surtout pour celle du roi... si souvent visé par des assassins (1), et l'objet de la haine de tous les milliers de conspirateurs et d'émeutiers — exaltés en ce moment jusqu'à ce degré de « délire convulsif et de démence triomphante » qui effrayait même leur chef et leur idole. Nous doutons beaucoup et non sans raison que le Gouvernement provisoire se fût montré fort empressé de punir une attaque contre le roi, quand nous voyons l'empressement qu'il mit à récompenser ses anciens assassins. Bergeron, le premier qui avait fait feu sur le roi se rendant à la Chambre en 1832, ne fut il pas nommé commissaire du gouvernement provisoire dans deux départements ? La veuve de Pepin, exécuté comme le complice de Fieschi, ne fut-elle pas recommandée comme ayant droit à une pension, par le comité des récompenses nationales ?

Mais quand bien même la populace révolutionnaire se serait manifestée sous des traits moins féroces, on ne peut contempler sans un sentiment de terreur la situation d'un homme de soixante-quinze ans, et de douze femmes ou enfants, pressés, bousculés dans une foule où le moindre accident pouvait être suivi de la plus déplorable catastrophe. Selon toutes les probabilités humaines, une pareille catastrophe serait arrivée dans le palais si le roi y était resté, ou sur la place Louis XV, sans l'escorte de cavalerie si à propos amenée par le général Dumas, et un corps plus considérable de troupes qui, se trouvant sta-

___

(1) Il vaut la peine d'énumérer tous les attentats *commis* contre la vie de Louis-Philippe. Plusieurs sont ignorés du public :

Bergeron, sur le Pont-Royal, décembre 1832 ;
Fieschi, sur les boulevarts, juillet 1835 ;
Aliband, dans la cour des Tuileries, juin 1836 ;
Meunier, sur le quai de la Mégisserie, décembre 1836 ;
Champion, *machine infernale* avortée, quai de la Conférence, 1837 ;
Darmès, près du pont de la Concorde, octobre 1841 ;
Quenisset, qui tira sur les trois princes, septembre 1841 ;
Lecomte, Fontainebleau, août 1846 ;
Henri, sur le balcon des Tuileries, juillet 1847.

tionnées sur les quais et le pont, furent providentiellement à portée de protéger la retraite de Sa Majesté. Sous cette protection, les trois petites voitures vinrent à travers la foule jusqu'à l'emplacement où les augustes fugitifs attendaient, exposés à toutes les chances, à tous les dangers.

Dans ces voitures, — construites, nous le répétons, pour contenir six personnes en tout, — *quinze* s'entassèrent, — nous ne savons, en vérité, comment. Dans une entrèrent le roi et la reine avec ses deux jeunes princes de Cobourg, fils de la princesse Clémentine et le petit duc d'Alençon (fils du duc de Nemours), qui fut jeté comme un paquet après les autres. Dans la second se mit la duchesse de Nemours (« grâce et beauté, » dit M. de Lamartine, de cette famille où grâce et beauté ne manquent pas), avec son fils aîné et sa fille, la fille de la princesse Clémentine et trois femmes de la suite. Le duc de Montpensier, le général Dumas et une des femmes de la reine remplirent le cabriolet : outre ces personnes, deux ou trois autres se placèrent comme elles purent à côté des cochers. La princesse Clémentine, trop heureuse d'avoir vu ses enfants arrachés au danger immédiat, prit le bras de son époux : ils se mêlèrent à la foule, s'échappèrent, allèrent chez un ami, et de là, par le chemin de fer de Versailles, rejoignirent le roi à Trianon.

Cette rapide accumulation d'évènements dans un intervalle de quinze ou vingt minutes, était bien suffisante pour faire perdre courage aux plus braves et troubler les plus fermes; mais aucun membre de la famille ne perdit un seul moment sa présence d'esprit. Il n'est pas vrai, comme l'ont dit M. de Lamartine et le capitaine Chamier, que la reine s'évanouit ni qu'elle fut portée sans connaissance dans les bras du roi à la voiture (1). Au contraire, ce fut elle qui y plaça ses petits-enfants, prenant sans choix, parmi ces petits princes, ceux qui étaient le plus près d'elle. Le roi conserva son sang-froid calme et vigilant, et, par quelques mots adressés à chacun de ceux dont il était forcé de se séparer, il contribua à la bonne fortune qui, *per varios*

(1) M. de Lamartine dit : « Les forces, surexcitées par la longue crise, avaient défailli au grand air dans les nerfs de la reine. Elle sanglotait, elle chancelait, elle trébuchait au dernier pas, il fallut que le roi la soulevât dans ses bras pour la placer dans la voiture. » (Tome 1er, p. 149.)

casus et *per tot discrimina rerum*, finit par réunir toute sa famille dans un lieu de sûreté.

Le général Berthois, aide-de-camp du roi de service, avait pris avec lui un détachement de cavalerie, et il eût voulu escorter les voitures; mais il fut arrêté, renversé de son cheval et maltraité par la populace; il ne dut son salut qu'aux efforts énergiques de quelques personnes animées de meilleurs sentiments. Le général Rumigny, autre aide-de-camp du roi, et le capitaine de Pauligue, officier d'ordonnance, plus heureux que M. de Berthois, purent gagner Saint-Cloud, — M. de Rumigny dans une diligence et M. de Pauligue sur un cheval de l'escadron, confondu avec l'escorte.

Le récit que fait le capitaine Chamier de ce départ, est la partie la moins satisfaisante de son ouvrage. Il semble s'en être rapporté trop implicitement aux commérages de quelques-unes de ses connaissances de Paris, trop disposées, à tort ou à raison, à déprécier et à dénigrer la maison d'Orléans. Quant à nous, il est à peine nécessaire d'avertir que nous sommes ce qu'on appelle des légitimistes; mais c'est précisément ce qui nous rend d'autant plus jaloux de rendre justice aux qualités personnelles des d'Orléans. Ce n'est pas, au reste, la justice seule qui nous inspire, quoique ce soit un motif bien suffisant, — c'est aussi parce qu'aux d'Orléans paraît devoir appartenir un jour le bénéfice du grand principe de l'hérédité monarchique, le seul, selon nous, qui puisse tranquilliser la France... Mais, par dessus tout, c'est notre devoir de rétablir, autant que nous le pouvons, l'intégrité de la vérité historique. Nous avons vu que le capitaine Chamier a été mal renseigné sur un fait aussi important et aussi notoire que l'abandon et le délaissement supposés de la duchesse d'Orléans. Il l'a été également sur plusieurs autres. Tout en rendant hommage à l'active fidélité de MM. de Rumigny et Pauligue, il lance des allusions sarcastiques à d'autres personnes qu'il accuse d'avoir failli à la reconnaissance qu'elles devaient à leurs bienfaiteurs déchus, et en même temps il insinue que quelques serviteurs fidèles furent inhumainement oubliés par leur maître dans la précipitation de sa fuite. Erreur et injustice que tout cela. Nous ne sommes pas optimistes au point de mettre en controverse l'avis que donne le psalmiste aux hommes :

« Ne placez pas votre confiance dans les princes; » nous ne discuterons pas davantage l'axiome contraire, si bien confirmé par l'expérience moderne : « Princes, ne placez pas votre confiance dans les hommes. » Mais, dans cette circonstance particulière, nous sommes à peu près certains qu'il n'y a eu ni ingratitude ni délaissement d'aucun côté. Nous allons, pour le montrer, rappeler ici le seul exemple cité dans l'espèce par le capitaine Chamier, qui insinue qu'il y en eut plusieurs. Il se plaint que :
— « Madame de Dolomieu, *la vieille compagne et l'amie éprou-* » *vée* de la reine, fut laissée, au milieu de cette scène de dé- » sordre, se tirer d'affaire comme elle le put. On la rencontra » à pied, pleurant amèrement, sur le chemin de Saint-Cloud, » et un particulier lui offrit un asile; mais elle savait que la » reine était allée à Saint-Cloud, et elle était décidée à y aller » aussi. Une voiture de blanchisseuse venant à passer, elle y » monta et parvint à sa destination (1). »

Nous croyons les faits vrais; mais l'impression qu'ils ont produite sur le capitaine Chamier est certainement erronée. Madame de Dolomieu quitta le palais précipitamment et à pied... ainsi fit tout le monde; — elle n'avait pas de voiture, — personne n'en avait; — elle était en larmes, — sans doute; — ces larmes étaient-elles des larmes de chagrin personnel... non, elles lui étaient arrachées par ses craintes et son inquiétude concernant la famille royale. Elle n'était pas non plus absolument seule... elle était accompagnée par Madame Angelet, une autre des dames de la reine, et nous sommes autorisés à déclarer qu'il n'est pas vrai que « personne ne songea à elle et ne s'enquit d'elle. » Mais qui pouvait, dans cette *mêlée*, deviner où elle était, elle comme plusieurs autres dames dispersées qu'il eût été difficile de rallier et de retrouver ? Si, par hasard, Madame de Dolomieu n'avait pas été séparée de la reine, le capitaine Chamier (quelque habiles que soient les marins à *arrimer* les gens à bord) l'aurait-il placée comme *sixième* passagère dans une, ou comme huitième dans une autre des petites voitures construites pour n'en recevoir que deux ? Comment, avec son bon sens naturel

(1) Page 40.— « Le capitaine Chamier prétend que le général Rumigny est mort en Angleterre. » Autre erreur... le général vit encore.

et sa connaissance des hommes, le capitaine Chamier peut-il répéter que la fuite du roi n'avait pas besoin d'être si précipitée *quand personne ne songeait à lui?* Certainement, les *brigands* ivres qui pillaient ses palais ou les coquins qui terrifiaient le Gouvernement provisoire lui-même sur la place de Grève, ne pensaient pas précisément, en ce moment, à la personne du roi, heureusement hors de leur portée ; mais n'aurait-ce pas été bien différent *s'ils* avaient pu s'emparer de lui... ou s'il était tombé entre les mains d'une populace quelconque ? Le capitaine Chamier semble avoir ignoré, ou du moins il ne mentionne pas, soit les meurtres commis le matin sur le *pont-tournant*, soit l'attaque contre le général Berthois, soit l'ombrage que prirent, de l'aveu de M. de Lamartine, les chefs de la Révolution de la simple possibilité que le roi s'arrêtât à Saint-Cloud. Nous insistons d'autant plus sur ce point, que le livre du capitaine Chamier est en général la plus exacte et la plus judicieuse, en même temps que la plus amusante histoire de la Révolution de Février que nous ayons encore lue : toutes ses vues et ses appréciations des évènements et des hommes sont les nôtres, à l'exception de son opinion (puisée, croyons-nous, dans les salons du faubourg Saint-Germain) sur le roi Louis-Philippe personnellement. Si, comme nous n'en doutons pas, il en publie une seconde édition, nous recommandons sérieusement à son examen impartial les détails que nous venons de signaler.

Les trois petites voitures, avec leurs illustres voyageurs si merveilleusement entassés, furent bientôt parties. Le général Regnault St-Jean-d'Angely, commandant la brigade de cavalerie concentrée sur la place, prit le commandement de l'escorte du roi, qui se composait du 2e régiment de cuirassiers, sous le colonel Reibel, et d'un détachement de la garde nationale à cheval. Cette escorte enveloppa complètement et cacha les voitures. Elle avait à peine parcouru quatre ou cinq cents mètres du trajet, lorsque la nécessité de ce déploiement de forces pour la sûreté du roi devint évidente. Devant le pont des Invalides, une populace qui saccageait et brûlait le corps-de-garde, paraissait d'abord disposée à arrêter les voitures ; mais l'attitude d'une cavalerie formidable l'intimida et la repoussa sans qu'on tirât un coup de feu. Le poste de la barrière de Passy, quoique très mêlé, présenta les armes en silence. Mais l'escorte n'alla pas plus loin que Saint-Cloud, et, lorsque le roi, avant de quitter le palais, descendit dans la cour pour prendre congé des soldats, ils témoignèrent un enthousiasme de fidélité bien différent des sentiments montrés le matin par les gardes nationaux à la revue des Tuileries.

La même considération qui, par des causes contraires, avait frappé M. de Lamartine, que Saint-Cloud était trop près de Paris, — avait aussi frappé le roi. Lamartine pensait que ce proche voisinage pourrait menacer la République; — le roi, qui n'avait pas encore entendu le mot *république*, pensait qu'il pourrait embarrasser la régence, et qu'il vaudrait mieux, sous tous les rapports, se rendre tout de suite à sa dernière destination, — le château d'Eu. Mais comment y arriver, — sans équipages, — sans argent? Le départ avait été si précipité, qu'on n'avait pas songé le moins du monde à tout ce qui aurait été le premier soin du voyage dans la vie privée. Il n'y avait pour tous d'autre argent que la somme légère que chacun porte habituellement dans sa poche. La bourse de la reine, ordinairement mieux remplie par ses prévisions de charité, était la plus lourde et contenait quelques pièces de vingt francs. Mais à côté de ces difficultés matérielles, il en était d'autres encore plus sérieuses. Toutes les postes étaient dérangées; les chemins de fer coupés; d'ailleurs, impossible d'aller atteindre aucune des deux lignes qui passent dans la direction d'Eu, soit celle de Rouen, soit celle d'Abbeville, sans traverser des localités sous l'influence de l'esprit hostile de Paris. Dans cette difficulté, et voyant qu'il ne pouvait demeurer à Saint-Cloud sans y être troublé par la populace parisienne, le roi aurait pu se jeter dans la nouvelle forteresse du mont Valérien, le plus facile à défendre de tous les fameux forts détachés, où il aurait résidé en sûreté aussi long-temps que cela lui eût convenu. Mais ce plan, s'il lui vint même un seul moment à l'esprit, aurait été naturellement rejeté comme ayant trop l'air d'une provocation. Il fut donc résolu de pousser jusqu'à Trianon, — dépendance retirée du magnifique château-géant de Versailles, — plus éloigné que Saint-Cloud du volcan révolutionnaire qui faisait son irruption dans la capitale. Le général Dumas loua deux omnibus à Saint-Cloud et ils servirent à transporter la famille royale jusqu'à Trianon.

Mais Trianon était encore trop près de Paris : Trianon est presque dans Versailles où il n'y avait pas de troupes, toute la garnison étant à Paris. A Trianon, d'ailleurs, aucune facilité pour continuer le voyage jusqu'à Eu. Le général Dumas fut donc dépêché à Versailles, où il loua deux *berlines*. Il emprunta aussi à un ami particulier la somme de 1,200 fr. Ces ressources, quelque faibles qu'elles fussent, étaient bien nécessaires dans ce moment, quoique ne pouvant guère servir au but immédiat, qui était de gagner Eu.

Il était clair que si toute la famille partait ensemble, non-seulement elle ne pouvait conserver son incognito, mais encore qu'elle serait arrêtée sur les routes de traverse faute de chevaux. Il devint donc absolument nécessaire de se séparer et de se partager les risques. On espérait que s'il y avait un danger personnel pour le roi, il n'y en aurait que pour lui seul, aucun pour les femmes et les enfants, si même on interceptait leur retraite. Une des berlines fut donc réservée pour la princesse Clémentine et son mari, le prince Auguste de Saxe-Cobourg, avec leurs trois enfants et la petite fille du duc de Nemours, la princesse Marguerite, qu'accompagneraient le Dr Pigache et madame Angelet. M. Aubernon, préfet de Versailles, se chargea de ce détachement, et s'y prit si bien, qu'il arriva en sûreté à Eu, d'où il repartit pour Boulogne. Ce fut à Boulogne, qu'à bord du paquebot, les mêmes personnes rencontrèrent le duc de Nemours, arrivé directement de Paris, et avec qui elles débarquèrent à Folkestone le dimanche 27 février.

Les autres membres de la famille royale occupèrent l'autre berline et un des omnibus qui les conduisirent à Dreux. Là, le roi possède un antique donjon, antérieur, selon quelques archéologues, à l'invasion romaine de la Gaule, et les restes du vieux château de Dreux qu'il avait fait réparer et arranger, afin d'avoir une résidence passagère, une espèce de station pieuse, près de la chapelle bâtie par lui au milieu de ces ruines, en remplacement de celle qu'on détruisit dans la Révolution. Sépulture de ses ancêtres maternels, cette chapelle était devenue plus récemment aussi la sépulture de sa propre famille ; il y avait enseveli sa sœur, la compagne et l'amie fidèle de sa vie aventureuse, — son fils bien-aimé, son héritier présomptif et l'espoir de sa vieillesse, — sa fille accomplie, l'illustration artistique de sa dynastie. A cette résidence à demi meublée, séjour de tristesse, il venait en voiture de louage, par une sombre nuit d'hiver, *menant le deuil de la monarchie,* comme disait Mirabeau sur son lit de mort. Les annales du monde offrent-elles un pareil exemple des viscissitudes de la fortune? Quelle transition! Avoir déjeuné comme roi dans le brillant palais des Tuileries, et venir souper en proscrit dans le château de Dreux; — avoir, sur un coursier richement caparaçonné, passé la revue sur la place du Carrousel, et voyager dans l'omnibus de Saint-Cloud; — avoir été proclamé le plus opulent souverain de l'Europe, et être réduit à emprunter 1,200 fr.; — s'être levé tout-puissant dans le palais de ses ancêtres, et se cacher fugitif dans le tombeau de ses enfants (1)?

Sunt lacrymæ rerum et mentem mortalia tangant.

Et tout cela, pourquoi? Il était déjà notoire, il est aujourd'hui incontestable que le roi avait tout sacrifié à sa répugnance de laisser verser plus de sang pour sa cause. — M. de Lamartine le dit lui-même : il en eût été peut-être autrement, si ce prince n'eût été trop humain et trop constitutionnel pour les politiques factieux et sans scrupules auxquels il avait affaire, comme pour le peuple turbulent, corrompu, ingrat et irréfléchi qu'il avait à gouverner.

Combien nous regrettâmes autrefois, dans ce même recueil, et cela surtout dans l'intérêt de Louis-Philippe, que ce prince eût été amené à accepter la couronne en juillet 1830! C'était, pensait-on en ce moment, profiter de l'unique chance qui restait pour sauver même un semblant de monarchie dans la maison de Bourbon. Mais nous avons toujours dit, ce que tout le monde voit bien aujourd'hui, que ce ne fut que différer le mal en l'aggravant. La sanction donnée à une révolution, devait inévitablement conduire à une autre. Nous avons quelquefois aussi mis en

______

(1) Les officiers qui accompagnaient le roi avaient proposé de pousser directement jusqu'à Eu, sans passer par Dreux; mais ils ne purent triompher d'une résistance qu'ils ne comprenaient pas. Ils crurent plus tard pouvoir présumer avec raison, que la reine avait éprouvé le pieux désir de s'agenouiller, ce jour-là, sur les tombeaux des enfants qu'elle avait perdus et de prier pour ceux qui lui restaient.

question la sagesse de divers actes du gouvernement de Louis-Philippe ; mais quelques-unes de ces mesures les plus critiques ont été justifiées à nos propres yeux, ainsi que son caractère, par le pillage révolutionnaire de son cabinet et la publication de ses papiers secrets. Toute sa politique , aussi bien que sa vie privée et celle de sa famille, ont été mises au grand jour ; la rude main de la Révolution a tout livré à la critique, elle n'a rien respecté, rien voilé; et qu'en est-il résulté? la preuve que Louis-Philippe fut un bon époux, un bon père, un bon roi, — réunissant les talents du grand politique avec la bonté du cœur et les qualités les plus aimables. Ses amis et ses serviteurs n'auraient pas osé en faire l'éloge à ce point. Sa chute , plus soudaine que celle de Napoléon, fut aussi plus honorable, plus imméritée, et, sous tous les rapports, plus humiliante et plus calamiteuse pour la France. En le laissant détrôner, la France a sacrifié *le roi de son choix* pour accepter le despotisme de quelques douzaines de fous et de vauriens, — à la plupart desquels elle a depuis infligé un déshonorant châtiment , mais sans avoir le courage de revenir sur ses pas et de chercher le remède de la honte et de la misère qu'elle subit.

De bonne heure dans la matinée du 25 février, avant que le roi se fût levé de son lit à Dreux, arriva de Paris la nouvelle que la régence avait échoué, que la République était proclamée, — que le jeune roi, son frère et les deux régents , avaient été emportés dans le tumulte populaire , et que personne ne savait ce qu'ils étaient devenus.

Ici nous sommes charmés de rendre justice au magnanime dévoûment qui, pendant quelque temps , exposa le duc de Nemours au reproche d'avoir abandonné non-seulement sa femme et ses enfants, mais encore son père et sa mère. La vérité est que nul homme ne fit jamais un plus noble sacrifice que le duc de Nemours en cette occasion. Tous ses sentiments personnels furent mis de côté. Après la mort prématurée du duc d'Orléans son frère, une loi l'avait désigné pour être le futur régent. Pendant la crise de l'abdication , il se vit chargé du commandement des troupes, dont l'attitude, avons-nous dit, devint la seule protection du palais contre la tempête populaire. Il conserva ce poste avec la même résolution jusqu'au départ du roi. Lorsque la duchesse d'Orléans, avec le nouveau roi et ses nouveaux ministres, se rendirent à la Chambre pour obtenir la reconnaissance de leur autorité improvisée, le duc de Nemours comprit que ses devoirs militaires cessaient et que ceux dont la loi l'avaient investi comme régent du royaume commençaient : c'était à lui de protéger les droits de son neveu. Sa situation, il le sentait bien, avait quelque chose d'anormal ; il eût bien voulu en être délivré par la législature ; mais, comme homme d'honneur et comme haut fonctionnaire de la monarchie, il était résolu à remplir autant que possible toutes les obligations qui lui étaient imposées envers le jeune roi et sa mère.

Nous avons eu déjà de nombreuses relations des scènes qui se passèrent à la Chambre des députés en présence de la duchesse d'Orléans et du duc de Nemours. M. de Lamartine les reproduit avec son style poétique, mais cette fois, du moins, sans aucune exagération. Il est un ou deux points de son récit auxquels des circonstances récentes ont prêté un nouvel intérêt.

Au dernier anniversaire de la Révolution de 1848, — le 23 février 1850, — M. Thiers, du haut de la tribune de l'Assemblée nationale, très peu conséquent peut-être, mais avec beaucoup d'éloquence, de courage et de vérité, prononça, sur les *journées* de février, la *flétrissure* d'avoir été *terribles* et *funestes*. Ces paroles hardies et franches, — les premières paroles hardies et franches qui eussent été dites en France depuis deux ans, — expriment, nous le croyons, les sentiments réels de tout ce qui a quelque valeur dans l'opinion publique, et elles auront, probablement, d'importants résultats. Elles en eurent un immédiat et significatif : ce fut de provoquer la réapparition de M. de Lamartine, qui, après une éclipse de vingt mois, veut revendiquer pour ces journées leur ci-devant titre de *glorieuses*. Si, relativement à la part qu'il y eut personnellement, il avait dit qu'elles furent pleines de *vaine gloire*, il aurait été dans le vrai. Pour rappeler qu'elles furent non-seulement terribles et funestes, mais honteuses, il vaut la peine de citer quelques courts extraits du récit qu'a fait M. de Lamartine lui-même de l'enfantement de la République, dont, avec son illusion caractéristique, il se croit le père, et dont il n'est, par le fait, que l'accoucheur.

La Chambre a été envahie, et son enceinte est occupée par

ce que M. de Lamartine avoue être *une canaille de vagabonds déguenillés* et grotesquement armés. La duchesse d'Orléans, ses enfants et le duc de Nemours, sont sur un des derniers rangs en face du président. Lamartine est à la tribune, rejettant la régence (qu'il avait tout à l'heure défendue en factieux) et proposant un gouvernement provisoire par un discours incendiaire, chaudement applaudi par les vagabonds déguenillés autour de lui :

« Oui, oui, s'écrient les combattants en agitant leurs dra- » peaux, en brandissant leurs armes, en montrant les traces du » sang et de la poudre sur leurs mains. » (LAMARTINE, tome Ier, page 208.)

Le second de M. de Lamartine, si ce n'est que le second parmi les pères conscrits de ce sénat étrangement métamorphosé, était — « un garçon boucher, dont les habits étaient » souillés de sang, et qui brandissait un long couteau. »

Ce garçon boucher s'était placé juste au-dessous de la tribune, et on aurait pu le prendre pour le séïde de M. de Lamartine, — quoique nous acquittions l'orateur de toute connexité intentionnelle avec ce garçon boucher. — Il s'élança plus d'une fois avec son couteau vers les gradins qui menaient au banc de la duchesse d'Orléans, « *pour en finir*, grommelait-il entre ses dents. » Il fallut que des « députés lui barrassent la route et le repoussassent » avec un soulèvement d'indignation. » (LAM., tome Ier, p. 200.)

M. de Lamartine, avec un excès de folie et de vanité qui nous étonne, va jusqu'à prétendre que s'il avait dit un seul mot, — s'il avait désigné de son doigt puissant la duchesse, en la proclamant régente, la Révolution se fût inclinée devant elle. Si M. de Lamartine pensait avoir une telle autorité, — alors, par son propre aveu, tous les crimes, toutes les misères qui survinrent doivent retomber sur sa tête. Nous n'admettons, quant à nous, que sa criminelle responsabilité, et nous doutons beaucoup de sa prétendue influence. Il pouvait sans doute s'épargner la honte d'avoir aidé à répandre la conflagration, mais il était trop tard pour l'arrêter, pour en détourner même les ravages ; car, tandis qu'il débitait sa harangue, — cette harangue qu'il imagine capable de décider à son gré des destinées de la France, — les portes de l'Assemblée furent violées par une nouvelle invasion. Cette fois c'était, dit-il, la véritable armée des insurgés, dont le

garçon boucher et le reste des vagabonds déguenillés n'avaient
été que la garde avancée ; elle se composait de : — « Trois cents
» hommes environ, sortis des Tuileries après le sac du château ;
» tous échauffés par un combat de trois jours, quelques-uns eni-
» vrés par l'ardeur de la poudre et par la marche ; ils viennent de
» traverser la place de la Concorde sous les yeux des généraux
» qui ont fait ouvrir les baïonnettes devant eux. Arrivés aux
» portes extérieures de l'Assemblée, leurs camarades de l'inté-
» rieur les ont introduits sur un signe de M. Marrast. » (Marrast, depuis si notoirement éminent, n'était alors qu'un
journaliste factieux et un obscur insurgé.) « Guidés par des
» complices qui connaissent les avenues secrètes du palais,
» ils s'étouffent dans les couloirs, et se précipitent en poussant
» des cris de mort dans les tribunes des spectateurs. Leur veste
» déchirée, leur chemise ouverte, leurs bras nus, leurs poings
» fermés semblables à des massues de muscles, leurs cheveux hé-
» rissés et brûlés par les cartouches, leurs visages exaltés du dé-
» lire des révolutions, leurs yeux étonnés de l'aspect inconnu
» pour eux de cette salle, où ils plongent d'en haut sur des mil-
» liers de têtes, tout dénote en eux des ouvriers du feu qui
» viennent donner le dernier assaut au dernier réduit de la
» royauté. Ils enjambent les bancs, ils coudoient, ils écrasent
» les assistants dans les tribunes, ils élèvent d'une main leurs
» drapeaux ou leurs bonnets, de l'autre ils brandissent une arme
» de rencontre, pique, baïonnette, sabre, fusil, barre de fer :
« *A bas la régence, vive la République, à bas les corrompus !* »
» La voûte tremble de ces cris. » (LAM., tome I⁰ᵉ, p. 211 et 212.)

Et cependant, l'homme qui a décrit cette scène a la vanité de
supposer que quelques mots de son sentimental bavardage, dé-
clamés aux députés un quart d'heure auparavant, auraient pu arrêter la Révolution et fonder la régence. Il aurait eu, nous n'en
doutons pas, l'Assemblée avec lui, parce que l'Assemblée, presque tout entière, était déjà avec lui ; mais ses belles phrases
n'auraient pas arrêté le triomphe de la populace, ni satisfait les
journalistes insurrectionnels qui, quelques heures auparavant,
avaient proclamé la République et nommé leur gouvernement
provisoire.

Enfin, tout est devenu anarchie, tout semble menacer d'un

massacre. De nouveaux insurgés pénètrent dans l'enceinte de la Chambre — comme dans la brèche d'une ville qui aurait été prise d'assaut ; — leurs armes, leurs gestes, leurs cris furieux dénotent leur dernière et criminelle intention : « Où est-elle ? où » est-elle ? » (LAMART., tome Ier, page 213.)

Bref, ils voulaient égorger la princesse : à entendre de pareils cris, à voir les gestes de ceux qui montraient du doigt la place où le duc de Nemours, la duchesse d'Orléans et ses enfants se trouvaient entourés et cachés par un groupe de députés encore animés des sentiments de l'humanité et de l'honneur, il n'y avait plus à douter qu'une retraite immédiate seule pouvait les sauver d'une épouvantable catastrophe : cependant, la retraite n'était guère moins périlleuse. Nous allons recueillir ici quelques-uns des principaux détails du récit de M. de Lamartine qui, pendant le tumulte, semble être demeuré à la tribune, comme s'il ne faisait qu'une pause au milieu de sa harangue, avec ce calme et cette dignité que des hommes moins fermes que M. de Lamartine conservent en contemplant le danger des autres, surtout s'ils l'ont causé eux-mêmes et s'ils y voient leur propre triomphe :

« La princesse est entraînée hors de la salle ; elle tombe avec » sa faible suite et ses enfants, au milieu du tumulte d'assaillants » qui déborde les corridors extérieurs des tribunes ; elle échappe » avec peine à l'insulte, *à l'étouffement, à la mort*, grâce à son » sexe, à *son voile* qui l'empêche d'être reconnue » (c'est-à-dire que si elle avait été reconnue, elle aurait été massacrée malgré son sexe), « et aux bras de quelques députés, parmi lesquels on » distingue encore M. de Mornay (le gendre du maréchal Soult) ; » mais, séparée par l'ondoiement des groupes de ses deux enfants » et du duc de Nemours, elle parvient seule, avec ses défenseurs, » à percer la foule d'insurgés et à descendre les escaliers qui ou- » vrent sur la salle des Pas-Perdus. — Là, de nouvelles vagues de » peuple l'enveloppent, la submergent, la font flotter d'un mur à » l'autre, comme un débris dans une tempête ; ils la jettent enfin, à » demi étouffée et presque évanouie, contre une porte vitrée dont » les carreaux se brisent sous le choc de ce frêle corps de femme. » Revenue à elle, elle ne voit plus ses enfants, elle les appelle, on » les lui promet, on court les chercher *sous les pieds de la foule.* » Pendant ce temps-là, on parvient à former un groupe de quel-

» ques amis autour de la princesse ; on ouvre une des portes vi-
» trées de plain-pied avec le jardin de la présidence ; on l'entraîne
» ensuite par ce jardin jusque dans le palais du président, pour
» y attendre son sort et y recueillir ses enfants. — Le comte de
» Paris, arraché par le tumulte à sa mère et désigné au peuple
» comme le roi futur, avait été brutalement saisi à la gorge par un
» homme d'une taille colossale : la main énorme et osseuse de ce
» *frénétique* étouffait presque le pauvre enfant, en faisant, dans un
» *jeu sinistre*, le geste de l'étrangler. Un garde national, qui cher-
» chait l'enfant, témoin de cette odieuse profanation, rabattit d'un
» coup de poing vigoureusement asséné, le bras de cet homme
» sans âme, lui arracha le jeune prince, et le porta tout trem-
» blant et tout souillé sous les pas de sa mère qui fondit en lar-
» mes en l'embrassant. » (LAM., tome Ier, p. 214 et 215.)

Ce passage offre un exemple caractéristique du style par lequel M. de Lamartine, dans le cours de son ouvrage, cherche à
concilier ses beaux sentiments avec les actes brutaux de ses
auxiliaires. Ici, après avoir fait étalage de ses sentiments généreux en réprouvant un détestable outrage, qu'il appelle une
odieuse profanation, — et qui fut un meurtre d'intention, — il
lui plaît de supposer gratuitement que ce fut seulement une
plaisanterie : *un jeu sinistre !*

L'autre petit prince, le duc de Chartres, était tombé dans le
corridor de la Chambre, et il fut immédiatement égaré, foulé
aux pieds de la multitude, « dont le bruit ne laissait pas même
entendre ses cris étouffés. » Ceux qui s'étaient chargés de protéger la duchesse, crurent qu'il y aurait du danger pour sa vie
et celle de son fils aîné si l'on s'arrêtait pour retrouver le
duc de Chartres, et ils entraînèrent la mère désespérée.
En effet, le torrent emportait toutes les résistances : l'enfant, échappé miraculeusement, en fut quitte pour quelques
meurtrissures ; il fut relevé par un des huissiers de la Chambre
(M. Lipmann), qui l'emporta dans son logement contigu au
palais. Après l'avoir déguisé comme un enfant de la basse classe,
il le remit à M. et Mme de Mornay qui le firent cacher dans la
maison d'une pauvre femme, dan le voisinage de leur hôtel, où
ils n'osèrent pas, à ce qu'il paraît, garder le pauvre enfant. Ce
fut là qu'il resta deux jours, sa mère ne sachant ce qu'il était

devenu ; M. de Mornay ne pouvait le lui apprendre, *parce qu'elle aussi était cachée.*

La duchesse avait heureusement atteint l'hôtel de la Présidence avec le comte de Paris ; mais on jugea qu'il y avait du danger pour elle à ce qu'elle y restât même le temps nécessaire pour qu'on pût chercher et ramener le jeune duc de Chartres. Elle fut donc entraînée bien vite à l'hôtel des Invalides et dans les appartements du gouverneur. Là, du moins, on aurait supposé qu'on pourrait donner asile pendant une nuit à un enfant orphelin et à une veuve qui n'était connue, comme le répète souvent M. de Lamartine, que par son rang, sa beauté, ses malheurs et ses vertus. Hélas ! non. M. de Lamartine, en rendant compte de cet incident, nous semble s'être exprimé à dessein en termes vagues et mystérieux :

« Le maréchal Molitor avait reçu la princesse, le comte de
» Paris et le duc de Nemours, dans ses appartements, pen-
» dant quelques heures ; le vieux soldat, malade et *troublé* de la
» responsabilité des évènements, avait témoigné, sur la disposi-
» tion des Invalides, des *doutes*, et sur la *sécurité de cet asile*, des
» inquiétudes *qui avaient profondément découragé la confiance*
» de la princesse et de ses amis.

» Pendant que le maréchal faisait préparer un dîner pour ses
» hôtes, et que des conseils d'amis se tenaient autour d'elle, la
» princesse, qui avait sans cesse devant les yeux le souvenir de la
» captive du Temple et l'image de son fils remis aux mains d'un
» autre Simon, avait résolu de ne pas prolonger d'une heure son
» séjour aux Invalides. »

M. de Lamartine prétend que le brave et vieux maréchal fut alarmé et qu'il engagea indirectement ses hôtes à se réfugier ailleurs : il se trompe. Le départ précipité de la duchesse eut lieu sur l'avis pressant de M. Odilon Barrot, qui vint dire, à six heures du soir, que l'irritation croissante de la populace et la connaissance qu'on avait de la présence de la princesse aux Invalides, rendaient indispensable qu'elle partît immédiatement. Par suite de cet avis, elle partit avec son fils, sous la sauvegarde de M. Anatole de Montesquiou, pour le château de Ligny, à quelques lieues de Paris. Là elle resta cachée quelques jours, et là, encore, après deux jours de cruelle anxiété, le

duc de Chartres lui fut rendu : enfin, « *elle quitta ce château*
» *sous un déguisement,*» et, prenant le chemin de fer à Amiens,
elle arriva à Lille. A Lille, la duchesse aurait eu un moment,
suivant M. de Lamartine, l'idée de se jeter dans les bras de la garnison et de proclamer son fils ; et il la loue d'y avoir renoncé,
« *parce que le crime de la guerre civile lui apparut entre le trône*
» *et cette pensée.* » M. de Lamartine trouve commode d'oublier
que c'est lui-même qui avait encouru la responsabilité du crime
de la guerre civile alors imminente, et qui éclata, en effet, quatre
mois plus tard, sous sa propre administration. Nous croyons que
la duchesse d'Orléans n'a jamais eu un instant les intentions qu'on
lui prête. Elle se hâta de mettre sa personne et celles de ses enfants hors de la portée des sympathies politiques de M. de Lamartine, l'auteur véritable et immédiat de toutes les insultes
personnelles et de tous les dangers auxquels elle avait été exposée avec eux.

Même après les faits qu'il a racontés, M. de Lamartine n'hé-
site pas à ajouter que « aux hommes de tous les partis, le nom
de la duchesse d'Orléans n'inspira jamais que « *l'admiration,*
» *l'attendrissement et le respect.* » (LAMARTINE, t. II, p. 82.)

Il n'y a certainement pas un homme de sens et d'honneur
qui ne reconnaisse la justesse de cette expression échappée à
M. de Lamartine ; mais nous avons vu comment ses disciples
traitaient, à la Chambre, cette illustre princesse, alors que lui,
M. de Lamartine, était à la tribune, affectant

> De monter sur le vent pour diriger l'orage.
> Ride on the whirlwind and direct the storm.

Et il ne nous dit pas que, le lendemain matin, lorsqu'on croyait
encore la duchesse aux Invalides, un ordre d'arrestation, con-
tre-signé de La Hodde, fut lancé contre elle par Caussidière.
« L'ombre de la Révolution, dit M. de Lamartine, la poursui-
» vait toujours. Au seuil de la France elle tremblait encore d'y
» être retenue et de laisser à ses fils le sort des enfants de Ma-
» rie-Antoinette ; mais ce n'était plus la France sans justice et
» sans pitié, la *France des prisons et des échafauds.* » (T. II, p. 81.)

Comment ! ce n'était plus la France des prisons, quand l'ordre formel d'arrêter la duchesse avait été expédié, — quand il

y avait, quatre mois après, douze mille prisonniers à Paris seulement, dont quelques milliers furent plus tard transportés sans jugement, — quand il y a encore, à l'heure qu'il est, des centaines de victimes de la Révolution de M. de Lamartine qui languissent dans les fers ! Pour ce qui est de l'échafaud et de ses terreurs, par qui fut-il aboli? Par ceux qui sentaient bien qu'ils l'avaient mérité pour eux-mêmes, et qui se montrèrent humains par conscience? On demeure vraiment confondu d'étonnement et de dégoût en présence d'une aussi extravagante complication d'inconséquence et d'impudeur.

La duchesse, cependant, franchit la frontière de France, et s'arrêta, pendant quelques semaines, avec ses deux fils, à Ems, ville d'eau thermale sur la rive droite du Rhin. Elle se rendit ensuite au château d'Eisenach, que son oncle maternel, le grand duc de Saxe-Weimar, avait mis à sa dispostion. Dans le courant de l'été dernier, la duchesse est venue en Angleterre et a amené ses enfants à leur grand-père et à leur grand'mère, à Claremont. Nous apprenons avec satisfaction que cette visite sera bientôt renouvelée, et nous espérons que, cette fois, elle se prolongera, — les enfants sur qui reposent l'avenir d'une famille, quel que soit son rang ou sa destinée, ne doivent pas, autant que possible, vivre séparés de son *chef.*

Ce n'est jamais sans une sorte de dégoût que nous citons les éloges donnés par M. de Lamartine à quelqu'un pour qui nous professons quelque respect ou quelque estime; mais nous ne pouvons, avant de passer outre, nous dispenser de citer ce qu'il dit à l'occasion du départ du duc de Nemours :

« Le duc de Nemours sortit de France sans obstacle, aussitôt » que ses devoirs envers son père, sa belle-sœur et son neveu » furent accomplis. Il s'était montré plus digne de sa popularité» (quelques pages plus haut il avait dit qu'il n'en avait aucune (1)) « dans l'infortune que dans la prospérité. Intrépide, » désintéressé, il n'avait marchandé ni sa vie » (elle était donc

<hr>

(1) NOTE DU DIRECTEUR DE LA REVUE BRITANNIQUE. L'auteur anglais est tellement violent contre M. de Lamartine, qu'il ne daigne pas s'apercevoir qu'une faute d'impresion est ici la seule cause de la contradiction qu'il lui reproche : évidemment on doit lire *la* et non *sa* popularité, l'article au du pronom.

en danger ?), « ni ses droits à la régence pour sauver la couronne
» au fils de son frère. L'histoire lui doit la justice que l'opinion
» ne lui rendait pas. »

On voit avec quelle arrogance M. de Lamartine prononce ici
sur le mérite d'un homme, son supérieur en tout, excepté pour
ce qui est de la poésie et de cette qualité que M. de Lamartine et lord Clarendon estiment être une qualité essentielle à
l'homme d'État : le *prestige* (1). Mais à ces éloges M. de Lamartine a mêlé la couleur de son inexactitude habituelle. Il dit
que M. de Nemours « quitta la France sans obstacle ; » cette assertion est, au fond, complètement fausse. M. de Nemours ac-
compagna la duchesse d'Orléans aux Invalides, et sortit de l'hôtel en même temps qu'elle, pour aller se cacher chez un de ses
amis, d'où il se mit en route à la faveur d'un passeport anglais
et d'un déguisement si complet, que les membres de sa famille
qui le rencontrèrent à Boulogne, ne le reconnurent point ; tant
s'en fallut que son voyage s'accomplît « sans aucun obstacle, »
qu'à la barrière, le factionnaire en uniforme de garde national,
qui examina les passeports d'un air assez soupçonneux, ne voulut
pas d'abord laisser passer la voiture ; mais, voyant dans l'intérieur une personne dont le signalement s'accordait si peu avec
celui du duc, il leva la consigne en disant : « Je vous demande
pardon, Monsieur, mais je suis à guetter le duc de Nemours. »
Le duc ne put s'empêcher de sourire du zèle maladroit de ce
pauvre factionnaire ; continuant sa route, il gagna le chemin
de fer à une station près d'Abbeville, et arriva en Angleterre le
27 février.

Nous avons donné les détails qui précèdent, non pas seulement en raison de l'intérêt qu'ils présentent en eux-mêmes,
mais pour répondre, par le propre témoignage de M. de La-

---

(1) NOTE DE L'AUTEUR ANGLAIS. L'emploi moderne du mot *prestige*, pour
signifier une qualité d'homme politique, démontre le mauvais goût du jour.
Dans notre dictionnaire français le plus récent, nous trouvons : PRESTIGE : *illusion*, — *déception*, — *apparence trompeuse*, — *pensée chimérique*, — *songe*, —
fantôme ; et dans le dictionnaire anglais : PRESTIGE : *illusion*, — *imposture*, —
déception.

N. B. L'auteur anglais fait allusion ici à une phrase d'un discours de lord
Clarendon, le vice-roi d'Irlande, qui déclarait que *le prestige était nécessaire à
l'autorité d'un haut fonctionnaire.*

martine, aux critiques mentionnées plus haut sur la précipitation inutile du départ du roi. Si la veuve, si l'orphelin furent obligés, d'après les conseils d'hommes comme MM. de Montesquiou et de Mornay, de se cacher et de se déguiser; — si M. Odilon Barrot jugea que le maréchal Molitor ne pouvait protéger pendant quelques heures, dans l'hôtel des Invalides, ces innocentes victimes; — si le général Thierry et M. Estancelin ne purent trouver, dans Abbeville, à abriter pour une nuit une jeune femme enceinte; si tous, après des épreuves plus ou moins rudes, ne durent leur salut qu'à une espèce de miracle, — quel aurait pu être le sort du roi, qui, depuis dix-huit ans, avait été le point de mire de cent assassins, et que la populace féroce avait été dressée à regarder comme un ennemi public ?

Nous l'avons laissé, pendant la nuit du 24, dans le funèbre château de Dreux.

Ce fut, ainsi que nous l'avons dit, dans la matinée du 25, que Louis-Philippe reçut la nouvelle de l'avortement de la régence, de la dissolution de la Chambre et du renversement de la monarchie; il apprit que la duchesse d'Orléans et le duc de Nemours avaient en vain montré, l'une tant de courage, l'autre un si noble dévouement, et qu'on ne savait pas même où ils étaient, ni ce qu'étaient devenus les jeunes princes, — en un mot, que l'anarchie régnait à Paris, le doute et la terreur partout. Cette tournure inattendue qu'avaient prise les évènements dérangeait tous les plans formés jusque-là. Il était dès lors évident qu'il fallait renoncer à l'idée de se rendre à Eu et surtout au dessein de s'y établir : il ne restait plus qu'à gagner quelque point de la côte de Normandie et à s'embarquer pour l'Angleterre. La fille du général Dumas avait épousé le fils de M. de Perthuis, ancien officier d'ordonnance du roi, et le général savait que M. de Perthuis avait une petite maison de campagne — ou, pour parler plus exactement, un pavillon composé de deux pièces, — sur la côte qui domine Honfleur, à un kilomètre environ de la mer, et que l'on gardait quelques meubles dans cette maisonnette, visitée quelquefois, dans l'été, par ses propriétaires. On proposa au roi et à la reine, qui ne voulut pas se séparer de lui, de chercher à atteindre ce point : la seule objection qu'on pût faire à ce plan, c'est qu'il exigeait une autre séparation et la dispersion de ce qui restait de la famille. Le roi, qui avait des propriétés dans le voisinage et un régisseur à Dreux, reçut là quelque argent, — moins de 5,000 francs, nous a-t-on dit. M. de Lamartine prétend que cette somme fut le produit d'une collecte organisée entre les bons habitants de cette ville, et nous ne doutons pas qu'ils se fussent, en effet, cotisés avec plaisir, si la chose eût été nécessaire; mais le fait est que l'argent reçu à Dreux par le roi était son propre argent.

Il fut convenu que le duc de Montpensier, avec la duchesse de Nemours et les deux fils de cette princesse, se dirigeraient sur Granville, dans une voiture louée en ville (l'omnibus de Saint-Cloud avait été congédié la nuit précédente), avec deux des domestiques du roi sur le siége : on leur avait remis, à Dreux, des passeports sous des noms supposés; et, arrivés à Granville, ils devaient s'embarquer à bord du paquebot de Jersey.

Le général Dumas et le capitaine de Pauligue furent expédiés dans une petite carriole, pour rejoindre le chemin de fer de Rouen à Saint-Pierre de Louviers, et gagner de là le Havre, où ils devaient se procurer un bâtiment sur lequel Leurs Majestés s'embarqueraient en quittant le pavillon de M. de Perthuis.

La seconde berline louée à Saint-Cloud, devait transporter à Honfleur le roi et la reine, sous les noms de M. et M*me* *Lebrun*, et le général de Rumigny, sous le nom de *Dubreuil*, avec le valet de chambre du roi et la femme de chambre de la reine. Quand on connut, par les nouvelles de Paris, toute l'étendue du mal, le sous-préfet de Dreux, M. Maréchal, redoubla d'égards envers les augustes voyageurs, et monta sur le siége de la berline (avec le valet de chambre du roi), pour les protéger, au besoin, par son caractère officiel. En quittant Dreux, on continua de laisser croire qu'on se rendait toujours à Eu, et on prit, en effet, la grande route de Verneuil; mais, quand on eut dépassé la ville, on tourna à droite par une route qui conduit à Anet et à Pacy-sur-Eure à travers la forêt de Dreux, laquelle fait partie du patrimoine de la maison d'Orléans; en sorte que le roi fuyait non-seulement de son royaume, mais encore fuyait à travers son domaine privé, où, toutefois, on doit à la vérité de dire que son nom était justement populaire, à tel point qu'en arrivant à Anet, les voyageurs furent surpris de trouver sur pied toute la population, qui les reçut avec des marques générales de sympathie et aux cris de *vive le roi!*

Ces démonstrations assez inquiétantes avaient été occasionnées par le zèle indiscret du maître de poste de Dreux, qui, ignorant l'état réel des choses, avait, à l'insu de M. Maréchal, envoyé un homme en avant pour commander des chevaux. Comme il était probable qu'on avait, toujours dans une bonne intention, commis la même faute au relais suivant de Pacy-sur-Eure, où les dispositions des habitants pouvaient n'être pas aussi favorables, M. Maréchal crut devoir, au sortir d'Anet, donner l'ordre aux postillons de gagner, par un chemin de traverse qui coupe la forêt d'Ivry, — autre propriété particulière du roi, voisine du lieu rendu célèbre par la victoire qu'y remporta son illustre ancêtre Henri IV, — un relais sur la grande route d'Evreux, appelé La Roche-Saint-André.

Il fallut traverser l'Eure près d'une manufacture dont les ouvriers, informés probablement du passage du roi par l'indiscrétion du maître de poste de Dreux, et agités par les rapports incendiaires de l'insurrection de Paris, s'étaient rassemblés en grand nombre sur la route que devait suivre le roi. Lorsqu'on sut qu'il avait pris l'autre route, quelques-uns de ces hommes égarés, profitant de ce que la voiture, après avoir traversé la rivière, avait une côte à monter au pas, la poursuivirent avec des intentions hostiles et en criant *Vive la réforme! à bas Louis-Philippe!* mais deux ou trois seulement purent atteindre la voiture, et le voyage ne fut pas interrompu.

A la Roche-Saint-André, c'était jour de marché, et la poste se trouve dans une rue très étroite. Quoique la figure du roi fût enveloppée et qu'il eût mis des lunettes pour se déguiser, un individu d'une tournure assez remarquable regarda dans la voiture, et après avoir murmuré entre ses dents : « *C'est lui,* » courut prévenir les gendarmes, qui, arrivant aussitôt, se disposaient à faire des difficultés, lorsque M. Maréchal interposa son autorité, sur quoi ils se retirèrent. Les chevaux furent bientôt attelés et les postillons partirent au galop, sans avoir l'air d'entendre quelques cris de : « *Arrêtez! arrêtez!* » qui s'élevèrent derrière eux.

Le passage par Évreux, qui est une grande ville, excitait

quelque appréhension. Dans les environs, M. Maréchal remarqua, à gauche de la route, un petit château, appelé Melleville, où l'on pensa qu'il pourrait être prudent de passer la nuit. Le hasard voulut que le propriétaire de cette habitation fût un M. Dorvilliers, agent du roi pour la forêt de Breteuil; mais toute la famille était alors absente. Cependant le fermier, nommé Renard, informé que les voyageurs étaient des amis de M. Dorvilliers, les reçut dans sa propre maison; quelques paroles tombées de sa bouche ayant inspiré confiance en lui, on lui apprit quels étaient ses hôtes. Ce brave homme fut fort ému de cette communication, et offrit aussitôt de rendre tous les services qui pourraient dépendre de lui. On courut chercher M. Dorvilliers à Evreux, les chevaux de poste de Saint-André furent renvoyés, et M. Maréchal, qui, étant maintenant hors de son arrondissement, ne pouvait plus être utile, prit congé : le fermier, homme courageux et intelligent, se chargeait d'ailleurs du reste du voyage. M. Dorvilliers arriva, et le roi reçut encore un petit à-compte sur ses revenus, — environ mille francs, à ce que nous croyons.

La présence inaccoutumée d'une berline dans la cour de la ferme avait éveillé l'attention du voisinage. Quatre jeunes gens en particulier, bien vêtus, mais que le fermier savait être d'opinions exaltées, l'examinèrent minutieusement, puis retournèrent à Evreux avec l'intention, — on pouvait le craindre, du moins, — de satisfaire plus amplement leur curiosité quant à la qualité des voyageurs, lorsque la voiture arriverait dans la ville. Il était clair que de Saint-André ou de Pacy, la nouvelle du voyage du roi était parvenue à Evreux. Mais l'intelligent et actif Renard déjoua tous les projets qui pouvaient avoir pour but de mettre des entraves à ce voyage. Il se procura un cabriolet, avec lequel il se chargea de conduire le roi et son valet de chambre jusqu'à Honfleur même, distant d'Evreux de vingt-quatre lieues. Pendant ce temps, son valet de ferme devait conduire la berline, attelée de deux vigoureux chevaux de labour, à la Commanderie, qui est le premier relais après Evreux sur la route d'Honfleur : on évitait ainsi, de part et d'autre, la nécessité de prendre des chevaux de poste à Evreux, que l'on traversa par des rues détournées. Après le départ du roi, le secrétaire du préfet d'Evreux, averti par M. Maréchal, accourut à Melleville offrir ses services, et se rendit utile en pilotant le valet de ferme, qui ne connaissait pas très bien la direction à prendre pour éviter la partie centrale et la plus fréquentée de la ville ; il quitta la reine quand elle fut hors d'Evreux.

Les chevaux du fermier franchirent, avec le cabriolet, les vingt-quatre lieues tout d'un trait, ne s'arrêtant que pour manger quelques poignées d'avoine ou de féverolles, à quelques-uns des cabarets semés le long de la route. Le roi dut souffrir beaucoup pendant ce long trajet ; car , indépendamment de la gêne résultant de la présence de trois personnes assez corpulentes dans un cabriolet ordinaire à deux places , le temps était devenu tout-à-fait mauvais et un froid très vif s'était élevé ; — c'était , le commencement d'une bourrasque qui dura plusieurs jours , et qui ajouta, ainsi que nous le verrons, aux difficultés de l'évasion.

Quand la berline dans laquelle était la reine fut arrivée à la porte de la Commanderie et qu'on eut demandé des chevaux pour Pont-Audemer, le maître de poste s'approcha de M. de Rumigny et lui dit à voix basse : « Une berline qui arrive avec des chevaux de ferme et qui prend des chevaux de poste ! c'est drôle ! Mais, par le temps qui court, Monsieur, on ne fait pas de questions et on ne regarde pas dans les voitures. » Puis, élevant la voix , il ordonna aux postillons de gagner Pont-Audemer le plus promptement possible. Ici encore , il était évident que les voyageurs avaient été reconnus et qu'ils étaient respectés, — du moins comme fugitifs politiques.

Le voyage du roi fut marqué, dans ces environs, par une coïncidence assez curieuse. Un des cabarets auxquels s'arrêtèrent les chevaux pour manger, porte le nom de *Malbrouck* ; il est situé près de la limite du département, dans une position centrale : c'est là qu'une quinzaine d'années auparavant, le roi avait été reçu, sous un arc de triomphe, par les autorités et les gardes nationales des cantons environnants, et, qu'en répondant à leur adresse, il avait prononcé ces paroles, qui eurent alors un certain retentissement : « La flatterie a, de nos jours, changé de côté, et les flatteurs du peuple sont aujourd'hui tout aussi dangereux pour la société et pour un bon gouvernement que

l'étaient jadis les flatteurs des rois. » Louis-Philippe, grelottant
de froid dans un coin de ce misérable cabriolet, se rappela-t-il,
en passant devant le cabaret de *Malbrouck*, ce nombreux concours de fidèles sujets, cet arc de triomphe et cet avertissement
prophétique contre les déceptions populaires?

Le cabriolet traversa Pont-Audemer le 26, à trois heures et
demie du matin. Un peu au-delà de cette ville, tandis qu'on
faisait rafraîchir les chevaux à la porte d'un cabaret, la berline
arriva. Le roi et la reine échangèrent quelques mots, puis l'un
et l'autre poursuivirent leur route jusqu'au terme de cette partie
du voyage. La berline arriva, vers le point du jour, au pavillon
de M. de Perthuis, et le cabriolet peu de temps après.

On ne peut s'empêcher de remarquer, lorsqu'on arrive par
mer à Honfleur, une petite chapelle, située au sommet de la
côte boisée qui domine la ville. Cette chapelle, de même qu'une
autre sur la rive opposée, a été dédiée autrefois, par la piété des
matelots, à Notre-Dame-de-Grâce, et il est probable que l'une et
l'autre eurent, dans l'origine, quelque rapport avec le nom de
cet estuaire qu'on appelle Havre de Grâce, ainsi que la ville qui
s'est élevée au Nord de l'embouchure du fleuve. C'est par suite
de ce voisinage que le pavillon de M. de Perthuis est ordinairement désigné sous le nom de La Grâce, et l'on comprend sans
peine la satisfaction qu'éprouvèrent les augustes voyageurs, en
se trouvant sous un toit ami, portant un nom de si bon au-
gure.

Nous ne pouvons quitter Renard, — cet autre Pendrell (1),
sans ajouter qu'il repoussa vivement les instances qui furent
faites pour qu'il acceptât quelque rémunération pour son temps,
sa peine et ses frais : « Ne me parlez pas de cela, dit-il au général de Rumigny; ces affaires de cœur ne se paient pas avec de
l'argent. »

Le pavillon de La Grâce se compose, ainsi que nous l'avons
dit, de deux pièces, avec deux autres chambres ou greniers sous
le toit; il n'est séparé de la route que par un sentier et une haie.
M. de Lamartine dit qu'on s'y entoura d'un tel mystère, que les

---

(1) NOTE DU DIRECTEUR DE LA REVUE BRITANNIQUE. Un des fidèles royalistes qui favorisèrent la fuite de Charles II.

volets restèrent constamment fermés et qu'on ne fît pas de feu, de peur que la fumée ne trahît la présence des voyageurs. Il n'en fut pas ainsi. La reine était arrivée publiquement, avec des chevaux de poste, comme une *tante* de M. de Perthuis, et plusieurs personnages du voisinage s'étaient même présentés pour lui rendre leurs devoirs en cette qualité. Quelques-unes de ces visites paraissaient dictées par un motif de curiosité plutôt que par un sentiment de bienveillance, et elles furent poliment déclinées par M. de Rumigny au nom de la dame indisposée, qui n'avait qu'une chambre, et c'était sa chambre à coucher. Ces visites, du reste, quel qu'en fût l'objet, eurent au moins un bon effet, celui d'écarter tout soupçon de la présence du roi, et la prétendue tante de M. de Perthuis put occuper son pavillon pendant cinq jours, sans être importunée par des étrangers.

On peut se faire une idée des embarras qu'auraient éprouvés le roi et la reine s'ils eussent pris le chemin de fer, — en supposant même qu'ils n'eussent pas été reconnus, — par les difficultés qu'éprouvèrent MM. Dumas et de Pauligue pour parvenir à Honfleur. Ils s'étaient séparés du roi à Dreux, ainsi que nous l'avons dit, et avaient gagné Rouen par le chemin de fer; mais, à la station de Rouen, ils trouvèrent un tel tumulte et une telle confusion, par suite de l'agitation politique et de l'incendie des ponts du chemin de fer, qu'ils furent violemment séparés et ne se rencontrèrent qu'à La Grâce. M. de Pauligue fut forcé de traverser la Seine à Rouen, et arriva à Honfleur par la rive gauche, le samedi soir, 26 février. Le général Dumas parvint à gagner le Havre, mais il trouva un si gros temps, que le bateau même de Honfleur ne put faire la traversée, et, après être parvenu en vue de La Grâce, fut contraint de rétrograder. Le hasard voulut qu'un jeune officier, M. Edmond de Perthuis, fils du propriétaire du pavillon et frère du gendre du général, commandât en ce moment le *Rôdeur*, petit bâtiment de guerre qui se trouvait alors dans le port du Havre. M. Dumas s'adressa à lui et réc'ama ses conseils et son assistance, non-seulement pour traverser l'embouchure du fleuve, mais aussi pour les mesures subséquentes à prendre dans le but de favoriser le départ du roi. Sur ce dernier point, ils ne purent s'entendre : quant au moyen de parvenir à Honfleur, M. de Perthuis conseilla au général de rétrogra-

der sur la route de Rouen, et de traverser la Seine à l'endroit
où elle commence à se rétrécir, entre Tancarville et Quillebœuf;
il offrit d'ailleurs de l'accompagner. Mais, à cet endroit même,
les bateliers n'osaient pas se hasarder à traverser le fleuve ; cependant, voyant l'importance que paraissait attacher M. de Perthuis à faire passer son ami, — on savait que M. de Perthuis était
officier de marine, et qu'il avait servi à bord de la *Belle-Poule* avec
le prince de Joinville, — ils s'imaginèrent que le général Dumas
était le prince lui-même, et, sous cette impression, ils se déci-
dèrent à faire un effort qu'ils n'auraient pas fait sans cela, ainsi
qu'ils le déclarèrent au général, lorsqu'ils l'eurent mis à terre.
Nous mentionnons ces circonstances pour faire voir les difficultés
naturelles qui compliquèrent les embarras de la position du roi.

MM. Dumas et de Perthuis arrivèrent à La Grâce dans la matinée du dimanche 27. Ils avaient, au Havre, confié l'objet de
leur mission à M. Besson, ancien officier de marine et ami de
M. de Perthuis : M. Besson entra avec zèle dans leur projet, mais
avec si peu d'espoir de réussir, que le roi se vit obligé d'adopter,
de son côté, quelques mesures immédiates. Le jardinier de La
Grâce, nommé Racine, — qui n'avait pas été mis d'avance dans le
secret, ainsi que le prétend M. de Lamartine (1), mais qui avait
reconnu Louis-Philippe d'après une lithographie pendue dans
sa cuisine, — se montra non-seulement fidèle, mais actif et intelligent, et obtint du roi la permission de consulter un de ses
amis intimes, matelot du port, nommé Hallot, qui avait aussi
servi avec le prince de Joinville sur la *Belle-Poule*, comme patron
de son canot, et à qui le roi avait accordé la croix de la Légion-
d'Honneur.

Hallot, qui était dévoué cœur et âme à la famille royale, s'occupa aussitôt des moyens de faciliter le départ du roi. Il pensa
qu'il était impossible de s'embarquer à Honfleur sans être re-

---

(1) M. de Lamartine et le capitaine Chamier donnent les noms propres et
quelques-unes des circonstances de cette partie de notre récit, quoique d'une
manière fort inexacte. Cela n'est pas étonnant de la part du capitaine Chamier;
mais il parait étrange que le chef du gouvernement d'alors, qui a la prétention
de publier des détails exacts et minutieux sur des faits au sujet desquels on
doit supposer qu'il avait recueilli des renseignements officiels, ait dénaturé si
complètement la plupart des circonstances.

marqué; mais que, si le roi voulait consentir à s'aventurer dans un bateau pêcheur, on pourrait s'en procurer un à Trouville, petite ville sur la côte de la mer, à six lieues environ à l'ouest de Honfleur. M. de Perthuis s'étant rangé à cet avis, il n'y avait d'autre objection que la séparation du roi et de la reine. Il était impossible que la reine songeât à faire la traversée dans une pareille embarcation et par un pareil temps; d'un autre côté, il était également certain que l'idée d'une séparation lui répugnerait autant qu'au roi. Cependant la reine, après une lutte évidemment pénible contre ses propres sentiments, décida, avec son bon sens ordinaire, que l'objet principal et le plus urgent était de mettre le roi en sûreté : elle joignit son influence à celle de M. de Perthuis et de Hallot pour vaincre la répugnance de Sa Majesté. En conséquence, Hallot fut expédié dans la soirée du 27, pour louer un bateau à Trouville. Dans le courant de cette même journée, la tempête s'était assez calmée pour permettre au paquebot de faire sa traversée ordinaire du Havre à Honfleur : il amena M. Besson, qui exposa qu'il n'avait pas pu trouver de navire au Havre. Il ajouta qu'encore bien qu'il n'ignorât pas que la traversée de la Manche dans un bateau pêcheur présentât de grands dangers, il n'avait rien de mieux à proposer, à moins que l'*Express*, paquebot à vapeur anglais, qui allait partir pour Southampton, ne manœuvrât de manière à rencontrer le bateau pêcheur à la hauteur de Trouville et à prendre le roi à son bord. Le roi autorisa M. Besson à faire, à cet effet, une ouverture confidentielle et réservée au capitaine anglais, ce que M. Besson s'empressa de faire; mais le capitaine anglais refusa tout d'abord de prendre sur lui la responsabilité d'une pareille déviation de ses ordres. M. de Lamartine, indépendamment de beaucoup d'autres erreurs plus graves, en commet ici une légère, que nous désirons rectifier. Il dit que le capitaine Paul, qui repoussa la proposition de M. Besson, était un officier de la marine royale. Le capitaine Paul était, en effet, à ce que nous croyons, maître d'équipage dans la marine, en demi-solde; mais, à l'époque dont il s'agit, il était seulement chargé du commandement d'un des paquebots de Southampton, qui appartiennent à une compagnie particulière, et il pouvait être beaucoup moins certain de l'approbation de ses armateurs et assureurs, que

ne l'aurait été de celle de son gouvernement le commandant d'un bâtiment de la marine royale. Il put penser aussi,
comme nous, que le plan proposé était imprudent. A son
arrivée à Southampton, le lendemain, M. Paul, si nous sommes
bien informés, donna avis à l'amirauté de la demi-confidence
qu'il avait reçue de M. Besson ; mais déjà, dès le dimanche 27, à
ce que nous croyons, le gouvernement anglais avait expédié sur
différents points de la côte de France, plusieurs bâtiments à vapeur, chargés de recueillir les membres de la famille royale :
lord Palmerston avait également envoyé aux consuls anglais des
différents ports de la Manche, l'ordre de les traiter avec tous les
égards et de leur donner toute l'assistance qui serait en leur
pouvoir. L'*Express* fut renvoyé, en toute hâte, pour être mis à
la disposition du roi, et ce fut, par le fait, à bord de ce bâtiment
que Sa Majesté effectua son passage.

A première vue, le refus du capitaine anglais peut paraître
un peu dur ; mais, en fait, il était justifiable, et, après tout, ce
fut probablement une circonstance heureuse. Il paraît très peu
vraisemblable que le plan proposé eût réussi : le temps manquait pour combiner la correspondance des mouvements du
Havre et de Trouville, — le même obstacle qui empêcha l'embarquement à Trouville se serait produit, — la manœuvre extraordinaire du paquebot aurait éveillé les soupçons, et, en
supposant toutes les difficultés surmontées, on aurait encore
eu à courir toutes les chances de la rencontre des deux bâtiments et tous les risques d'un transbordement par une grosse
mer.

Quoi qu'il en soit, il ne paraissait plus y avoir d'autre res-
source que d'essayer de traverser la Manche dans le bateau
pêcheur qu'Hallot pourrait louer à Trouville. La position du roi
était très pénible ; — il ignorait complètement ce qui était arrivé aux différents membres de sa famille, à ses enfants et à ses
petits-enfants, depuis qu'il s'était séparé d'eux. La dernière
nouvelle qu'il avait eue de la duchesse d'Orléans et de ses enfants, c'est qu'ils étaient enveloppés dans le périlleux tumulte
de la Chambre. Il ignorait également ce qui se passait à Paris,
et les troubles de Rouen étaient des indices alarmants d'un
ébranlement général ; mais ce qui le préoccupait le plus, parais-

sait être l'idée de se séparer de la reine. Il n'y avait cependant pas d'alternative.

Hallot revint de Trouville avant que M. Besson fût reparti pour le Havre, et annonça qu'il s'était procuré, moyennant 3,000 francs, un bateau qui serait prêt à mettre à la voile pour l'Angleterre dans la nuit suivante, celle du lundi 28. Tous les conseillers du roi, trois militaires distingués et deux officiers de marine expérimentés, s'accordant à approuver ce plan, les choses furent ainsi arrêtées : — le lundi matin, MM. de Rumigny et de Perthuis, à pied et sous la conduite de Hallot, se dirigèrent par des chemins de traverse vers Trouville. M. de Pauligue prit la diligence ; le roi, avec son valet de chambre, fut conduit par Racine dans un méchant cabriolet attelé d'un seul cheval si étique et si rétif, que Sa Majesté serait probablement arrivée à Trouville plus promptement, et à coup sûr plus à son aise, si elle avait fait le trajet à pied, comme le dit M. de Lamartine. La reine resta à La Grâce avec sa femme de chambre et le général Dumas, se proposant de prendre passage, — car on espérait qu'elle pourrait le faire sans être reconnue,—à bord des paquebots ordinaires, dès qu'elle serait informée de l'embarquement du roi.

Il était convenu que les personnes qui avaient précédé le roi l'attendraient à l'entrée de Trouville, pour l'accompagner, à pied, jusqu'au bateau, qui devait se trouver amarré à l'extrémité du quai, prêt à le recevoir. Le roi n'arriva au rendez-vous qu'après l'heure fixée ; mais ce retard était sans importance, car il reçut, en arrivant, la fâcheuse nouvelle que le vent était trop fort et la mer trop mauvaise pour qu'on pût mettre à la voile : il sut, ce qui était plus décisif encore, que le bateau n'était pas à flot, et que, vu qu'on était à l'époque des marées de morte-eau, il ne pourrait être à flot avant vingt-quatre ou peut-être quarante-huit heures. Il paraît étrange qu'Hallot n'eût pas prévu cette difficulté ; mais il n'y avait pas de remède. Cependant, M. de Rumigny, qui était arrivé à Trouville quelques heures avant le roi, avait déjà pris des mesures pour le cacher jusqu'au moment de son embarquement. Il s'était hasardé, dans ces circonstances critiques, à mettre dans sa confidence le capitaine du port, M. Henri Barbet, qui avait été autrefois décoré par Sa

Majesté. M. Henri Barbet entra chaudement dans ses vues et procura au roi un logement chez son frère, Victor Barbet, vieux marin dont la maison se trouvait dans un petit passage de jardin derrière la rue. C'est là que le roi, accompagné de Thuret et de M. de Pauligue, trouva un asile. La maison de Victor Barbet était tenue par sa fille, jeune veuve dont le mari, patron d'un bateau pêcheur, avait été récemment emporté par une lame pendant un coup de vent. C'était une femme extrêmement pieuse, qui avait une sorte de vénération religieuse pour la reine ; elle avait appris à ses enfants à prier devant son portrait pour la famille royale. Ce fut une étrange surprise en même temps qu'un grand bonheur pour cette femme simple et devouée, de recevoir le roi chez elle, de préparer et de servir de ses propres mains ses très modestes repas. Le roi resta dans cette maison toute la journée du 29 et jusqu'au 1er mars au soir : les autres personnes de sa suite s'étaient établies dans une auberge voisine.

L'anxiété, déjà assez grande, de tous ces messieurs, fut singulièrement augmentée par la découverte que fit M. de Rumigny (qui le tenait probablement de Henri Barbet), que des ordres du Gouvernement provisoire étaient arrivés ce soir même à la Douane, enjoignant aux garde-côtes *d'apporter la plus grande vigilance à empécher l'évasion des fugitifs politiques.* M. de Lamartine ne fait aucune allusion à cet ordre remarquable ; il dit que : « Quoique Louis-Philippe et ses amis l'ignorassent, le » Gouvernement avait autorisé Lamartine à leur procurer lui- » même, avec les égards et les prudences dues au péril et à l'in- » fortune, les moyens de fuite. » (LAMARTINE, tome II page 73).

A merveille ! mais pourquoi n'en avoir pas donné avis à « Louis-Philippe et à ses amis ? » Un message bien intentionné aurait sans doute pu trouver ce prince, dans les huit jours de son royal pèlerinage. — Ce qu'on avait fait avec ostentation pour Charles X, on aurait pu le faire sans bruit pour lui ; et M. de Lamartine, qui nous dit avoir été autorisé à *procurer* les moyens de fuite, ne paraît avoir rien fait, non-seulement pour les procurer, mais même pour les faciliter au besoin. La famille royale se composait d'une vingtaine de personnes, qui s'échappèrent littéralement dans toutes les directions. Nord, Est, Sud et

Ouest, en cinq ou six groupes différents, sans qu'aucune d'elles ait vu trace de la protection de M. de Lamartine; mais, au contraire, après avoir subi, particulièrement les dames, une foule de persécutions et de dangers sans exemple dans l'histoire, à moins de nous reporter au règne de la *Terreur n° 1*. Deux pages plus loin, M. de Lamartine donne une version quelque peu différente des mesures généreuses du Gouvernement :

« — *Aucun ordre de s'opposer au départ du roi n'avait été*
» *donné* par personne, et les instructions les plus contraires à
» toute mesure contre sa sûreté et sa liberté, étaient *dans les*
» *mains de ses agents.* »

Il y a, entre cette dernière assertion et la précédente, une divergence assez remarquable. Être autorisé à *procurer les moyens d'embarquement et ne pas donner d'ordre de s'opposer au départ*, sont deux choses parfaitement distinctes : l'une signifie assistance active, l'autre veut simplement dire indifférence ou neutralité : toutes deux ne sauraient être vraies à la fois. Mais que penser, après cela, de cet ordre spécial, *dont M. de Lamartine ne dit mot*, d'apporter, sur toute la côte, la plus grande vigilance à intercepter les fugitifs, ordre extraordinaire, qui devait avoir les mêmes conséquences pour l'ex-roi que pour les ex-ministres? Nous croyons sans peine que M. de Lamartine, et tous ses collègues avec lui, auraient été très fâchés qu'on eût arrêté le roi; nous croyons qu'ils auraient été fort embarrassés d'un prisonnier qui aurait bien pu se trouver en position de prendre à son tour ceux qui l'auraient pris. Ce que nous ne croyons pas, c'est qu'ils eussent le courage de donner cours, par des actes, à leurs sentiments de prudence ou de générosité. Pourquoi, si ces ordres ne devaient pas s'appliquer aux membres de la famille royale, n'avoir pas spécifié nettement que *les membres de la famille royale* ne devaient pas être inquiétés ? Pourquoi tous ces sentiments généreux restèrent-ils enfermés dans le sein ou dans le pupitre de M. de Lamartine, lorsqu'ils auraient pu être utiles aux parties intéressées, et pourquoi ne furent-ils révélés que lorsqu'ils ne pouvaient plus servir qu'à la satisfaction de sa vanité personnelle ? Mais, après tout, ces instructions secrètes, en admettant même qu'elles aient été réellement envoyées aux agents du gouvernement, eussent été parfaitement inutiles. Ni le roi ni les ex-ministres n'avaient aucun danger réel à appréhender de la part des autorités *légales* : le véritable danger, c'étaient des insultes tumultueuses, peut-être un massacre, — en ce qui concernait particulièrement le roi, la presque certitude d'un assassinat. — Or, tous les actes publics du gouvernement, — cette circulaire expédiée aux ports, les mandats d'arrêt lancés simultanément à Paris contre la duchesse d'Orléans et contre les ex-ministres, — tous ces actes, disons-nous, tendaient à pousser la populace à des violences de ce genre, si quelqu'une des personnes que le citoyen Caussidière, en rappelant l'expédition de ces mêmes mandats d'arrêt, nomme « les oppresseurs du peuple, » était tombée entre ses mains.

La circulaire en question eut pour résultat immédiat d'aggraver considérablement les embarras personnels du roi : les sentinelles furent doublées sur toute la côte, et les routes qui conduisaient au port soumises à une surveillance plus rigoureuse, Ces dispositions alarmèrent tellement le capitaine Barbet, que, sans consulter le roi, il eut l'idée malheureuse de rompre le marché fait avec le premier bateau, qui ne pouvait pas être à flot, selon toute apparence, avant un ou deux jours, et d'en louer un autre qui était prêt ou qui paraissait devoir l'être plus tôt : il proposa inconsidérément de partager les 3,000 francs (que le roi avait apportés dans un sac, et dont le poids avait failli effondrer le vieux cabriolet de Racine), en donnant 1,000 francs au premier marinier, et le reste au second. Le premier marinier, mécontent de cet arrangement, alla aussitôt déclarer qu'on l'avait engagé pour transporter en Angleterre un étranger qui était caché chez Victor Barbet. Cette nouvelle occasionna une grande rumeur dans la petite ville, et chacun se disposa, suivant ses opinions politiques, à empêcher ou à favoriser la fuite de l'étranger. Ses amis furent heureusement plus nombreux et plus actifs. Dans la soirée du 1er mars, vers huit heures, le capitaine Barbet, se précipitant dans la petite chambre où était le roi, lui dit qu'ils étaient trahis, que les autorités allaient faire une perquisition dans la maison, et qu'il restait à peine le temps de fuir ; puis, pressant, entraînant en quelque sorte le roi dans une obscure petite cour de derrière, il le remit aux mains d'un inconnu qui attendait là, et il se hâta de rentrer lui-même dans la maison pour se disposer à recevoir la visite dont on était me-nacé. « Sire, dit tout bas l'inconnu au roi, un serviteur fidèle et dévoué va vous conduire en lieu de sûreté. » Prenant alors un gros paquet de clés, avec lesquelles il ouvrit successivement un certain nombre de portes, il traversa plusieurs cours et ruelles pour arriver à une maison où l'on entra par une porte de der-rière. Cet inconnu était M. Guestier, homme à son aise, qui avait récemment cessé d'exercer les fonctions de maire de Trou-ville. M. de Lamartine et le capitaine Chamier défigurent l'un et l'autre les noms propres et tous les détails de l'affaire : cette inexactitude, nous le répétons, ne doit pas étonner de la part du capitaine, qui n'avait point accès aux sources officielles, mais elle n'est pas excusable de la part d'une personne qui parle *ex cathedrá*, comme M. de Lamartine.

Chez M. Guestier, le roi trouva la famille de ce monsieur et quelques visiteurs qu'on n'avait pas eu le temps de congédier, ce qui, du reste, n'était pas nécessaire, puisqu'ils étaient tous pleins de zèle pour le service du roi. Ils assurèrent même Sa Majesté que c'était le sentiment unanime de la ville, — car, sur une population de plus de trois mille habitants, il n'y en avait que cinq à six qui fussent d'une opinion contraire ; « mais il faut l'avouer, ajoutèrent-ils, ces cinq ou six intimident tout le reste. »

Le roi fut rejoint dans cette maison par sa suite, qui s'était prudemment dispersée à la première alarme, et il devint évi-dent qu'il ne restait plus qu'à sortir de Trouville dès que l'heure avancée aurait rendu les rues à peu près désertes. M. Guestier avait un cabriolet ; le propriétaire d'un hôtel voisin, dont les opinions étaient également royalistes, et à qui on s'adressa en conséquence, avait un char-à-bancs qu'il offrit avec empres-sement, mais en mettant, ainsi que M. Guestier, cette condi-tion *sine quá non* à son concours, qu'il aurait l'honneur de conduire lui-même sa voiture. Ici, cependant, survint un de ces petits incidents qui ont quelquefois des conséquences gra-ves. La sellette du harnais du cabriolet de M. Guestier avait été envoyée chez le bourrelier pour être raccommodée. Il n'y avait pas moyen de s'en passer, et comme on ne pouvait s'en procurer immédiatement une autre, toute la compagnie partit à pied pour gagner du temps, les voitures devant rejoindre plus tard. Il fallait, pour sortir de la ville, passer devant trois corps-de-garde ; mais, malgré l'ordre du Gouvernement provisoire de doubler les factionnaires, deux des corps-de-garde n'en avaient pas, et celui qui était devant le troisième ne fit pas attention aux voyageurs. Il fut probablement heureux qu'on n'eût pas attendu les voitures, car le factionnaire ne put guère s'empêcher de les voir, mais il les vit vides. Ce fut seulement au village de Touques qu'elles rejoignirent les voyageurs, et, entre quatre et cinq heures du matin, elles les déposèrent à peu de distance de La Grâce : M. Guestier prit alors, avec son cabriolet, la direction de Quillebœuf, dans le but d'y chercher une retraite sûre pour le roi, tant il paraissait y avoir peu de chance qu'il pût s'embarquer à Honfleur. Il avait été convenu que, si Louis-Philippe parvenait à s'embarquer à Trouville, M. de Perthuis, en revenant rejoindre son bâtiment, l'annoncerait à la reine et afin de prévenir la surprise pénible que le retour du roi n'eût pas manqué de lui causer, M. de Perthuis prit les devants pour l'en informer. Sa Majesté fut fort émue en apprenant l'insuccès de cette tentative, et la fin de la nuit fut employée, assez tristement, à se raconter les tribulations du passé et à former des projets pour l'avenir, qui se présentait sous de sombres couleurs.

Le jeudi 2 mars, comme le jour commençait à poindre, les hôtes de La Grâce furent alarmés par l'arrivée d'un étranger, qui se trouva être M. Jones, vice-consul anglais au Havre ; il était porteur d'un message par lequel le consul, M. Featherstonhaugh, annonçait que le bateau à vapeur l'*Express* était de retour et mis entièrement à la disposition du roi, et que M. Jones était chargé de se concerter avec Sa Majesté sur les moyens d'embarquement. Il apportait en même temps une nouvelle plus agréable encore s'il était possible, — c'était une lettre de M. Besson, annonçant que le duc de Nemours, sa fille la princesse Marguerite, et la princesse Clémentine avec son mari et ses enfants, étaient en sûreté en Angleterre. Ces deux bonnes nouvelles ranimèrent toute la compagnie, qui était, avant leur arrivée, fort abattue, au physique et au moral. Mais restait en-

core la principale difficulté, celle de savoir comment gagner
l'*Express.*

Il devenait urgent de fuir : non-seulement le procureur de
la République s'était rendu en hâte à Trouville, accompagné de
gendarmes pour arrêter l'étranger (qui, heureusement, en était
parti depuis plusieurs heures); mais, ayant appris là que cet
étranger n'était autre que le roi, et que M. de Perthuis était
avec lui, ce fonctionnaire en conclut que Sa Majesté était à La
Grâce, et une visite domiciliaire eut lieu subséquemment au
pavillon. Il était clair que ce procureur de la République n'était
pas un de ces « agents » que le Gouvernement provisoire avait
chargés de protéger et de faciliter le départ du roi. M. Jones
retourna au Havre par le paquebot qui l'avait amené; portant
au consul l'expression de la reconnaissance du roi : Sa Majesté
invitait en outre M. Featherstonhaugh à se concerter avec
M. Besson sur la meilleure marche à suivre, promettant de se
conformer implicitement à ce qu'ils décideraient.

En même temps, le général descendait à Honfleur pour voir
ce qu'il y aurait moyen de faire de ce côté, dans le cas où aucune proposition réalisable n'arriverait du Havre; mais le
paquebot du soir ramena M. Besson et M. Jones avec le résultat du conseil qui avait été tenu de l'autre côté de l'eau, —
c'était que toute la compagnie quittât sur-le-champ La Grâce,
et, à la faveur de l'obscurité du soir, prît passage pour le
Havre sur le même paquebot qui avait amené ces messieurs.
Au Havre, on n'aurait plus, en débarquant du paquebot d'Honfleur, que quelques pas à faire sur le quai pour gagner l'*Express.*
La reine devait toujours être *madame Lebrun*; mais le roi,
muni d'un passeport anglais, était devenu *M. William Smith.*
Il n'y avait pas un moment à perdre. Louis-Philippe, déguisé
comme nous l'avons vu précédemment et enveloppé en outre
d'une grosse redingote, prit, avec MM. de Rumigny et Thuret,
un chemin, tandis que *madame Lebrun*, appuyée sur le bras de
son *neveu*, en prenait un autre. Il y avait beaucoup de monde
sur le quai d'Honfleur, et plusieurs gendarmes; mais *M. Smith*
reconnut bientôt M. Jones, le vice-consul, et après lui avoir
souhaité le bonjour assez haut en anglais (peu de MM. Smith
parlent mieux cette langue), il lui prit le bras et passa à bord

du paquebot, où il s'assit aussitôt sur un des bancs destinés aux voyageurs. *Madame Lebrun* se plaça de l'autre côté. Ce paquebot, appelé *le Courrier*, avait été employé au Tréport, l'été précédent, par le roi, pendant son séjour à Eu. M. de Lamartine, qui se trompe sur le lieu même de cet embarquement et qui en dénature toutes les circonstances, a cru devoir enjoliver son récit en prétendant que Louis-Philippe fut reconnu par les gens de l'équipage qui, avec ce sentiment d'honneur et de générosité inné chez tous les Français, ne voulurent pas le trahir. Nous sommes persuadés que bien peu de marins, en effet, auraient été capables de trahir le roi; mais le fait est qu'il ne fut pas reconnu; et quand le *steward* se présenta à lui, comme aux autres voyageurs, pour recevoir le prix du passage avec une petite gratification pour les musiciens, *M. Smith* secoua la tête, comme s'il ne comprenait pas le français, et ce fut M. Jones qui paya pour tous deux. En débarquant sur le quai du Havre, au milieu d'une foule de monde et des crieurs des différents hôtels, on trouva M. Featherstonhaugh qui, adressant la parole à *M. Smith*, comme à son *oncle* qu'il était enchanté de revoir, le conduisit quelques pas plus loin, jusqu'à bord de *l'Express*, amarré le long du quai et en pleine vapeur : *madame Lebrun* les suivit. Quand ils furent descendus dans la chambre, Featherstonhaugh s'écria : « Dieu merci , Sire, vous voilà en sûreté ! » Le roi répéta cette exclamation, à laquelle se joignit pieusement la reine avec un sentiment d'autant plus vif de reconnaisance que M. Featherstonhaugh leur apprit que la duchesse de Montpensier était arrivée à Londres, et que le duc de Montpensier, ainsi que la duchesse de Nemours et ses deux fils, étaient en sûreté à Jersey; mais on n'avait encore aucune nouvelle de la duchesse d'Orléans et de ses enfants.

Pendant que Leurs Majestés se félicitaient ainsi de leur délivrance, elles ne se doutaient pas, non plus que M. Featherstonhaugh , que le plus grand danger qu'elles eussent encore couru était à peine passé, si même on pût dire qu'il l'était réellement. Il y a au Havre, comme le savent tous ceux qui ont débarqué dans ce port, une certaine femme exerçant les fonctions de commissionnaire, et qu'on voit toujours, à l'arrivée des paquebots, fort affairée à recommander des logements ou des hôtels et à offrir ses services aux dames, voire même aux messieurs, qui peuvent éprouver le désir d'échapper à l'inspection trop sévère des agents de la douane. Cette brave femme donc, — ordinairement si polie et parfois si utile, — faillit occasionner un grand malheur. Soit à l'aide de la lanterne sourde qu'elle porte habituellement, soit à la lueur des lampes à gaz, elle reconnut sur-le-champ le roi, et, dans l'étourdissement de la surprise que lui causa cette découverte, elle courut en faire part à un officier qui exerçait je ne sais quel commandement dans le port. Celui-ci se dirigea en toute hâte vers l'*Express* et entrevit le roi comme il descendait dans la chambre. Il reconnut que l'avis qu'on lui avait donné était exact, et commença aussitôt à faire au capitaine Paul quelques observations sur ses préparatifs évidents de départ. Le capitaine répondit qu'il partait avec des dépêches. Cette réponse parut peu satisfaisante à l'officier, qui exprima le désir de visiter ses chambres. Le capitaine Paul répondit brusquement que ce serait à son prochain voyage, et comme le bâtiment commençait à se mettre en mouvement, l'officier n'eut que le temps de passer à terre, comme avait déjà fait le consul. « Dites-moi donc, je vous prie, demanda-t-il à M. Featherstonhaugh, quelle est la personne que vous avez mise à bord de l'*Express?* »— « Mon oncle, » répondit M. Featherstonhaugh. — « Votre oncle? » reprit le fonctionnaire, d'un air d'incrédulité. « Ah! monsieur le consul! » Et il se retira en secouant la tête. Il envoya aussitôt, ainsi qu'on le sut plus tard, un rapport à M. Deschamps, commissaire du Gouvernement provisoire à Rouen.

Le vent était violent et la mer très grosse ; cependant l'*Express* fit une assez bonne traversée, et Leurs Majestés furent débarquées, le 3 mars, de bonne heure, près de Newhaven ; elles arrivèrent à Claremont le 4.

Le dernier incident, sur le quai du Havre, est à peu près le seul que M. de Lamartine ait reproduit exactement : la cause de cette exactitude, qui n'est pas dans les habitudes de l'auteur, s'explique facilement. Il avait vu le rapport de l'officier en question au commissaire de Ledru-Rollin ; si nous relevons cette circonstance, assez insignifiante en elle-même, c'est qu'elle tend à prouver, selon nous, que cet « agent du gouvernement » n'avait reçu, pour son compte, aucune instruction qui eût pour objet de protéger et de faciliter le départ du roi. M. de Lamartine, quoique en possession sans doute de rapports officiels, termine son récit par deux inexactitudes qui méritent d'être citées, comme échantillons de la légèreté avec laquelle il écrit l'histoire. Il dit que le roi arriva au Havre dans un paquebot *de Rouen*, et qu'il débarqua « à *Southampton*, où *l'attendait l'hospitalité* de son » gendre le roi des Belges, dans *leur* château royal de Claremont. » (I. 53.) Ce sont là des bagatelles ; mais il est au moins étrange que le dictateur qui chassa et remplaça (Dieu sait comment!) le roi, et qui affecte de donner, au sujet de son évasion, des détails si minutieux, ait ignoré son embarquement à Honfleur et le point de la côte d'Angleterre où il débarqua ; — qu'il ait ignoré que, quelque respectueux et empressé que se fût sans aucun doute montré le roi des Belges, si l'on avait pu prendre ses ordres, la réception de Louis-Philippe à Claremont ne fut pas, et ne pouvait pas être préparée ni prévue par lui.

———◆———

(1) Ce fut ainsi que la nation française, ou plutôt les cinquante conspirateurs et deux mille bandits qui usurpaient son nom et son autorité, expulsèrent Louis-Philippe avec sa famille, — homme remarquable par ses talents personnels et ses vertus privées, — roi qui n'avait d'autre tort que d'avoir accepté originairement sa couronne des mains de ceux à qui l'insurrection l'avait livrée, comme sa seule faute aura été d'avoir entrepris la tâche sans espoir de gouverner légalement un peuple qui, selon nous, ne pourra jamais être gouverné que par un pouvoir arbitraire ou quelque chose d'approchant. Et qu'a-t-il gagné au change, ce peuple? Des ministres avortés, obligés à chaque lune de céder la place à d'autres ; trois dictateurs successifs (2),

(1) Note du Directeur de la Revue Britannique. Dans ce qui va suivre, encore plus que dans ce qui précède, l'auteur anglais a seul la responsabilité de ses opinions politiques. Trois mots nous ont paru intraduisibles.

(2) « A coxcomb, — a jacobin, — a puppet. »

tous les trois gouvernant, non par les lois, mais par la force, et dont deux sont déjà frappés d'ostracisme. La France a obtenu ce système d'élection qui, fondé sur l'esprit de faction, sur la supercherie et la terreur, s'intitule le suffrage universel. Ce système, avant même de développer ses inévitables et funestes éléments, a déjà prouvé qu'il ne peut sauvegarder la liberté et qu'il doit aboutir sûrement à un despotisme qui n'aura eu d'analogue que celui de la Convention et de Bonaparte. Avons-nous besoin de rappeler au lecteur les scènes de délire, de pillage, d'intrigue et de confusion qui composent le mélodrame de Lamartine, les dix mille tués et les douze mille prisonniers de la bataille d'Austerlitz du général Cavaignac ? Ignorent-ils qu'à l'heure qu'il est, dans ce pays de la *liberté*, de l'*égalité* et de la *fraternité*, on compte plus de prisonniers politiques que la Bastille n'en a reçu pendant les quatre cents ans de son existence ! Eh bien ! les détails du despotisme que le gouvernement du suffrage universel a composé à la France, sont encore plus extraordinaires. Pendant que nous écrivons, deux circonstances s'offrent à nous, qu'on regarde comme triviales et même ridicules à Paris, mais qui nous semblent caractéristiques du système de la législation et du gouvernement révolutionnaires.

Le *Journal des Débats* du 27 février 1850, rend compte d'une discussion qui avait eu lieu la veille à l'Assemblée nationale, sur les deux points suivants : une loi avait été votée en août 1848, pour réglementer la publication des affiches et placards, etc. ; mais cette loi contenait une clause exceptionnelle en faveur des circulaires, discours, etc., etc., des candidats, pendant les quarante-cinq jours qui précèdent une élection générale. L'expulsion et l'exil de Ledru-Rollin, de Boichot, etc., créaient trente vacances de représentants. Le gouvernement, prétendant que ce n'étaient pas là des élections *générales*, voulait que les discours et circulaires des candidats n'eussent pas le bénéfice de la clause, doctrine ratifiée depuis par la cour de cassation. L'opposition, de son côté, prétendait que les premiers principes de la liberté électorale dictaient une interprétation contraire, et qu'il était absurde de dire qu'une élection générale donnait au candidat une licence qui lui était refusée lorsqu'il en avait le plus besoin pour soutenir sa candidature. A cela, on ajoutait encore que l'esprit et la teneur de toute la loi démontraient que par ces mots, élections *générales*, il fallait entendre toutes les élections de membres de l'Assemblée nationale, pour les distinguer des autres élections locales et particulières aux fonctions de membres des *conseils* communaux, départementaux et autres, etc., etc.; c'était là indubitablement l'interprétation naturelle, dictée par le simple bon sens, et si elle eût été douteuse, on devait s'attendre qu'une Assemblée nationale, sortie du suffrage uuiversel, s'empresserait de faire disparaître une si absurde restriction mise sur la liberté des électeurs. Nullement. Un membre de l'opposition s'étant plaint que le préfet d'un des départements avait supprimé la circulaire d'un candidat, les ministres avouèrent que cela avait eu lieu par leur ordre, et l'Assemblée, presque sans débat, passa à l'ordre du jour. Il y a mieux; on a depuis présenté une loi pour supprimer le privilége en question, même dans les élections générales; on propose encore de nouvelles et sévères restrictions sur la presse, plus strictement répressives que les ordonnances de Charles X ou que les lois de septembre de Louis-Philippe. A propos de ces mesures et des clameurs qu'elles occasionnent, le *Journal des Débats*, le plus sensé et le plus judicieux journal en France, dit :

« Nous avons malheureusement appris que, dans les révolu-
» tions, c'est toujours la liberté qui souffre, et ceux qui se plaignent
» aujourd'hui, — MM. Pascal Duprat, Crémieux, etc., — furent
» les promoteurs de l'état de siége et des autres mesures violentes
» des dictateurs. M. Crémieux assure que *«jamais, non jamais,*
» *la monarchie n'avait proposé des lois si sévères.* » Eh bien !
» nous ne le nions pas: c'est vrai; *mais à qui la faute?* » (*Débats*
» du 22 mars.)

« O liberté, s'écriait madame Roland, que d'atrocités sont
» commises en ton nom ! »

Dans la même séance du 26 février à laquelle nous avons fait allusion, nous trouvons une preuve encore plus étrange de la nouvelle espèce de liberté dont jouit la France. Si quelque chose caractérisait plus spécialement ce pays dans de meilleurs jours, c'étaient la joyeuse humeur et la gaîté de sa population, surtout en province. *Les danses et les chansons* de la France forment un contraste aux jouissances moins sobres des nations plus septentrionales. Il n'est pas d'Anglais qui n'ait lu, avec un sentiment d'envie, le charmant tableau que Sterne nous a laissé de cette heureuse contrée « qui s'étend des bords du Rhône aux bords de la Garonne, » où les enfants basannés du travail, l'invitèrent à se joindre à leur danse, au son du fifre et du tambourin, en chantant leur ronde : *Viva la joia! Fi don la tristessa!* (1) Dans cette même région, — entre ces deux fleuves, — est situé le moderne département de l'Ardèche, dont une des principales villes conserve encore le nom joli et *jusqu'ici* caractéristique de *Joyeuse.* Mais l'Ardèche est condamnée à ne plus être *joyeuse;* à la fin de l'automne dernier, le préfet de l'Ardèche jugea convenable de publier la proclamation suivante :

Art. 1er. Les chansons, les danses, les promenades et les farandoles sur les voies publiques, avec ou sans drapeaux ou musique, sont interdites, de jour et de nuit, dans tout le département de l'Ardèche.

Art. 2. Sont également interdits les chants, les déclamations et les concerts dans les cabarets, cafés, restaurants et autres établissements publics.

Cette loi extrordinaire, imposée à une grande province par le caprice et le bon plaisir d'un préfet, fut dénoncée par les représentants du département, qui se plaignirent d'abord prudemment et sans bruit au ministre de l'intérieur; mais, n'obtenant aucune satisfaction, l'un d'eux, M. Chabert, soumit la question à l'Assemblée nationale. Or, comment cette dénonciation fut-elle reçue?

Lorsque M. Chabert eut lu le premier article, éclata un *rire général.* Lorsqu'il eut lu le second, *grande hilarité!* M. Chabert alors voulut faire observer « que le département était parfaitement tranquille, — point de troubles,— point d'état de siége. » — « Je demande, dit-il, par quelle loi, par quel droit le préfet peut interdire ces choses? (*On rit* et un membre s'écrie : *le droit à la farandole!*) Remarquez, continue M. Chabert, qu'il n'est pas question d'assemblées tumultueuses, de chansons licencieuses ou séditieuses... non, rien de tout cela; mais de

<hr>

(1) *Tristram Shandy,* vol. VII, chap. 42 et suivants.

chansons inoffensives, de promenades, de concerts...» — Le ministre de l'intérieur l'interrompant: «*Et de farandoles!*» (*On rit aux éclats.*)

Le ministre trouvait le mot *farandole* ridicule (1) ; mais ne vit-il pas que la prohibition de la *farandole* était à la fois ridicule et odieuse? Et le *Journal des Débats*, dans son *premier-Paris*, approuve l'accueil fait à la plainte de M. Chabert, s'étonnant que l'Assemblée ait toléré si long-temps *ce ridicule commérage!* C'est ainsi que la nouvelle République française comprend la liberté civile.

Nos lecteurs demanderont : mais les journalistes, — le ministre, — l'Assemblée nationale ont-ils perdu toute idée de droit, de légalité, de liberté? Non. Le journal est un des plus estimables journaux de Paris, le ministre de l'intérieur est un homme de sens et honnête, la majorité de l'Assemblée est bien intentionnée. Ils voyent, comme nous-mêmes, l'inconstitutionalité de ces actes; mais ils sont si alarmés, comme l'est tout homme sage en France, de leur position dangereuse sur un volcan ; — ils voyent s'accumuler autour d'eux tant de matériaux combustibles, un si grand nombre d'incendiaires insensés ou pervers, qu'ils sont forcés de tolérer, de commettre même, sous un faux air de douceur et de légèreté, ces outrages contre la loi, le bon sens et la liberté publique, qui, dans d'autres temps, exciteraient l'indignation et la vengeance d'un peuple civilisé.

Bien moins nombreux étaient les désordres que M. Guizot décrit comme « odieux et intolérables, » à la fin de la grande Rébellion d'Angleterre :

« Tant d'oppression au sein de tant d'anarchie semblait d'au-
» tant plus odieuse et intolérable, qu'elle provenait d'hommes qui,
» naguère, avaient tant exigé du roi et tant promis eux-mêmes
» en fait de liberté! et d'hommes parmi lesquels un grand nom-
» bre étaient naguère inconnus, obscurs, sortis des conditions
» dans lesquelles le peuple n'était pas accoutumé à reconnaître et à
» respecter le pouvoir suprême, n'ayant à l'empire qu'ils exer-

(1) Farandole, danse particulière aux Provençaux; c'est une espèce de course mesurée. *Dictionnaire français.*

» çaient si violemment, point d'autre titre que leur mérite person-
» nel, titre contesté quand il ne s'est pas élevé au-dessus de toute
» comparaison, et la force matérielle dont ils disposaient, titre
» qui offense et aliène ceux-là mêmes qui s'y soumettent, tant que
» leur vainqueur ne les a pas complètement abattus et avilis. »
(GUIZOT, pag. 54 et 55.)

Et comment tout cela finira-t-il? Tout ce qui semble certain, c'est que l'état présent ne peut durer. On a éprouvé une grande surprise et une grande alarme en France, par le triomphe des candidats socialistes aux dernières élections. Nous éprouvons, nous aussi, les plus vives craintes sur le résultat final et certain du suffrage universel, — qui sera la prédominance de la majorité brutale sur l'intelligence et la propriété, — mais de la surprise, non. L'analyse des votes, dans cette circonstance, nous démontre qu'il n'y a aucun changement dans les forces des partis, et qu'ils attendent tous, également tremblants et se tenant en équilibre, la prépondérance de l'épée. Mais quand bien même il n'y aurait aucun danger à craindre des socialistes, comment la constitution existante peut-elle fonctionner? Si les éléments du pouvoir qu'elle consacre sont en complet désaccord, ne faut-il pas que l'Assemblée, se débarrassant du président, devienne une seconde Convention, ou que le président se débarrasse de l'Assemblée pour devenir Napoléon III? L'une et l'autre de ces alternatives seraient possibles pour quelque temps, mais ni l'une ni l'autre ne sauraient durer. Quant au prince-président, comme affectent de le nommer ceux qui croient à des *idées napoléoniennes* et à des visions impériales, nous maintenons notre opinion, qu'il est simplement un ressort d'arrêt. Il a, jusqu'ici, joué son rôle dans l'intermède avec convenance, avec gravité et (généralement) avec un bon sens manifeste; mais ce n'est qu'un intermède. A notre point de vue comme Anglais, tory, légitimiste, — si la France doit être une république, le président doit être un républicain; si elle doit être une monarchie, ce ne peut être qu'une monarchie légitime héréditaire. Les Français ont déjà essayé d'une *quasi légitimité* dans les conditions les plus favorables, et elle a échoué. Qui peut espérer que le gouvernement d'un roi mineur avec une femme pour régente, aurait plus de durée et de force que l'habileté, l'expérience et l'adresse politique du roi Louis-Phi-

lippe? Si le génie, le talent d'un homme et le pouvoir fondé sur
le choix national pouvaient garantir la stabilité, ni Napoléon ni
Louis-Philippe ne seraient tombés; mais ce que le peuple donne
il peut l'ôter; s'il peut l'ôter, il l'ôtera. Si le peuple peut cou-
ronner un homme, il peut le découronner, et comme Draw-
cansir (le héros tyran d'une tragédie de Dryden), il vous dira :
« Je le ferai parce que j'ose le faire ! » Le principe héréditaire a
été adopté, non dans l'intérêt d'aucune des races royales qui en
ont le bénéfice, mais dans l'intérêt des peuples eux-mêmes, —
pour assurer la paix intérieure et le bonheur des nations, —
pour réprimer les ambitions individuelles, — écarter le plus
grand des maux, la guerre civile, — pour empêcher, comme dit
le poëte, « qu'on puisse se frayer une voie sanglante jusqu'au
trône, et fermer sur le genre humain les portes du temple de
la Clémence : »

> Forbid to wade through slaughter to a throne
> And shut the Gaces of mercy on mankind.

On parle à Paris de fusion des partis, c'est-à-dire de la fusion
des légitimistes et des orléanistes : cela nous paraît un non-sens
funeste. Aucune alliance apparente de ces partis ne pourrait
écarter les difficultés de la situation, elle pourrait les aggraver.
Tout ce qui se fera doit être l'acte de la nation entière, guidée
non par le sentiment de quelques-uns, mais par l'expérience de
tous, par l'effet, en un mot, que produira sur *l'opinion publique*, la vraie reine du monde, la grande épreuve où la France
se trouve si malheureusement engagée, mais qu'il faut qu'elle
subisse jusqu'au bout. Le temps et les évènements apprendront
au peuple français si une république convient à ses goûts, à son
caractère, à ses intérêts. Si cela est, nous souhaitons qu'il rencontre un Washington ; mais nous attendons plutôt un Crom-
well. Dans le cas contraire, le peuple français a notre exemple
devant lui, et M. Guizot, dans son tableau de l'Angleterre en
1660, indique clairement l'analogie des cas et l'identité du remède :

« Il fallait arriver au dénoûment : tous les pouvoirs, tous les
» noms qui avaient fait la Révolution ou que la Révolution avait
» faits, avaient été mis et remis à l'épreuve. Aucun obstacle exté-

» rieur, aucune résistance nationale ne les avaient entravés pour
» gouverner ; aucun n'y avait réussi ; ils s'étaient tous entre-dé-
» truits, ils avaient tous épuisé, dans ces stériles combats, ce
» qu'ils avaient pu conserver de crédit et de force. Leur nullité
» était à nu. Cependant l'Angleterre restait à leur merci, la nation
» avait perdu, dans ces longues et tristes alternatives d'anarchie
» et de despotisme, l'habitude et le courage de régler elle-même
» ses destinées.....

» Dans cet interrègne de vingt mois, au milieu de cette ex-
» plosion ridicule de tant de prétendants chimériques, celui-là
» seul ne parut point, qui était, dans la pensée de toute l'Angle-
» terre, soit espérance, soit crainte, le seul prétendant sérieux...

» Le bon sens, d'ailleurs, était venu (aux royalistes) avec les
» longs revers ; ils avaient appris à ne pas prendre leurs désirs
» pour la mesure de leurs forces, et à comprendre que si Charles
» Stuart devait retrouver la couronne, c'étaient l'intérêt et le mou-
» vement général de l'Angleterre qui pouvaient seuls la lui ren-
» dre, non pas une insurrection de Cavaliers. » (GUIZOT, pag.
97, 98 et 100.)

Paris. — Imprimerie H. Simon Daulreville et Cᵉ, rue Neuve-des-Bons-Enfants, 3.